KB175046

남양주 독립운동가

풍양문화연구소
풍양문화시리즈 03

남양주 독립운동가

윤종일·임병규·민경조·황준연

景仁文化社

<목 차>

□ 일러두기

일러두기

1. 수록인물 기본원칙

남양주에 태어났거나 성장이 뚜렷한 인물, 또는 남양주에서 활동한 기록이 있거나 유택이 있는 인물로 독립운동에 참여한 인물을 수록함을 원칙으로 하였다.

2. 편집원칙

1) 가나다 순으로 배열하였다.
2) 표기는 아래와 같이 하였다.
   ◇ 한글 전용을 원칙으로 한다.
   ◇ 어려운 어구, 특수 용어는 괄호 안에 한자 또는 원어를 병기한다.
   ◇ 연대는 서력기원을 표시한다.
   ◇ 용어의 표기는 국사교과서에 따른다.
   ◇ 인명은 성명을 사용한다.

3. 의병관련 신문자료는 『황성신문』과 『대한매일신보』 자료이다.

강덕여 姜德汝 (생몰년 미상)

화도면(현 화도읍) 출신으로, 일제시기 독립운동가이다.

1907년 선교사에 의해 월산교회가 세워지면서 월산교회에서는 배인학당을 세워 학생들에게 교육을 가르치고 있었다. 이때 김필규金弼圭·이인하李麟夏·이택하李澤夏와 함께 서울에서의 3·1만세운동에 대한 소식을 듣고 마을의 지도자인 이달용李達鎔·이재하李載夏·이덕재李德在·이택주李宅周·유인명柳寅明·홍순철洪淳哲·윤태익尹泰益 등과 3월 16일 월산교회에 모여 봉기할 시기와 방법을 결정하고 연락하던 중 발각되었다. 이때 이재하李載夏·이승보李承輔·이택하李澤夏 등이 일본경찰에 의해 검거되었다. 이날 밤 월산리·답내리 주민 200여 명이 고개 넘어 마석우리 헌병주재소로 몰려가 검거된 인사 3명의 석방과 독립만세운동을 전개하였다.

이에 일본 헌병은 격화되어 가는 시위대의 기세를 꺾고자 무자비한 대응으로 맞섰고, 그 결과 다수의 사상자가 발생하는 참상으로 이어졌다. 당시 일본경찰의 발포로 이달용李達鎔·손복산孫福山·신영희申榮熙·유상규兪相奎·이교직李教稙 등은 그 자리에서 숨을 거두었는데, 강덕여姜德汝는 이때 이재혁李載赫·윤균尹均·윤정석尹丁石·원대현元大鉉 등과 함께 중상을 입었다.

❖ 참고문헌

독립운동사편찬위원회, 『독립운동사』 2, 1971.
양주문화원, 『양주군지』, 1978.
양주문화원, 『양주군지』 하, 1992.
경기도사편찬위원회, 『경기도 항일독립운동사』, 1995.

강선원姜善遠(생몰년 미상)

화도면(현 화도읍) 출신으로, 일제시기 독립운동가이다.

1907년 선교사에 의해 월산교회가 세워지면서 월산교회에서는 배인학당을 세워 학생들에게 교육을 가르치고 있었다. 이때 김필규는 교회와 학교의 지도자로서 이인하李麟夏·이택하李澤夏와 함께 서울에서의 3·1만세운동에 대한 소식을 듣고 마을의 지도자인 이달용李達鎔·이재하李載夏·이덕재李德在·이택주李宅周·유인명柳寅明·홍순철洪淳哲·윤태익尹泰益 등과 3월 16일 월산교회에 모여 봉기할 시기와 방법을 결정하고 연락하던 중 발각되었다. 이때 이재하李載夏·이승보李承輔·이택하李澤夏 등이 일본경찰에 의해 검거되었다. 이날 밤 월산리·답내리 주민 200여 명이 고개 넘어 마석우리 헌병주재소로 몰려가 검거된 인사 3명의 석방과 독립만세운동을 전개하였다.

이에 일본 헌병은 격화되어 가는 시위대의 기세를 꺾고자 무자비한 대응으로 맞섰고, 그 결과 다수의 사상자가 발생하는 참상으로 이어졌다. 당시 일본경찰의 발포로 이달용李達鎔·손복산孫福山·신영희申榮熙·유상규兪相奎·이교직李敎稙 등은 그 자리에서 숨을 거두고, 이재혁李載赫·윤균尹均·강덕여姜德汝·윤정석尹丁石·원대현元大鉉 등은 중상을 입었다.

3월 19일 일본 경찰은 만세운동에 가담한 자를 체포하기 위하여 마석고개를 넘어왔는데 대다수 주민들은 피신을 하였으나 강선원

姜善遠은 김필규金弼圭·이승면·윤성준尹性俊·남궁우룡南宮又龍·김원석金元石·권은權慇·이윤원李允遠 등 여러 동지들과 함께 체포되어 오랫동안 고초를 겪었다.

❖ 참고문헌

김정명,『조선독립운동』1권 분책, 원서방, 1967.

독립운동사편찬위원회,『독립운동사』2, 1971.

국가보훈처,『독립유공자공훈록』2, 1986.

양주문화원,『양주군지』하, 1992.

경기도사편찬위원회,『경기도 항일독립운동사』, 1995.

강소불姜沼拂(생몰년 미상)

화도면(현 화도읍) 출신으로, 일제시기 독립운동가이다.

1907년 선교사에 의해 월산교회가 세워지면서 월산교회에서는 배인학당을 세워 학생들에게 교육을 가르치고 있었다. 이때 김필규金弼圭는 교회와 학교의 지도자로서 이인하李麟夏·이택하李澤夏와 함께 서울에서의 3·1만세운동에 대한 소식을 듣고 마을의 지도자인 이달용李達鎔·이재하李載夏·이덕재李德在·이택주李宅周·유인명柳寅明·홍순철洪淳哲·윤태익尹泰益 등과 3월 16일 월산교회에 모여 봉기할 시기와 방법을 결정하고 연락하던 중 발각되었다. 이때 이재하李載夏·이승보李承輔·이택하李澤夏 등이 일본경찰에 의해 검거되었다. 이날 밤 월산리·답내리 주민 200여 명이 고개 넘어 마석우리 헌병주재소로 몰려가 검거된 인사 3명의 석방과 독립만세운동을 전개하였다.

이에 일본 헌병은 격화되어 가는 시위대의 기세를 꺾고자 무자비한 대응으로 맞섰고, 그 결과 다수의 사상자가 발생하는 참상으로 이어졌다. 당시 일본경찰의 발포로 이달용李達鎔·손복산孫福山·신영희申榮熙·유상규兪相奎·이교직李教稙 등은 그 자리에서 숨을 거두었는데, 강소불은 이때 일본 헌병의 발포로 부상을 입었다고 한다.

❖ 참고문헌

독립운동사편찬위원회, 『독립운동사』 2, 1971.
양주문화원, 『양주군지』, 1978.
양주문화원, 『양주군지』 하, 1992.

강순필姜淳弼(생몰년 미상)

화도면(현 화도읍) 출신으로, 일제시기 독립운동가이다.

1907년 선교사에 의해 월산교회가 세워지면서 월산교회에서는 배인학당을 세워 학생들에게 교육을 가르치고 있었다. 이때 김필규金弼圭는 교회와 학교의 지도자로서 이인하李麟夏·이택하李澤夏와 함께 서울에서의 3·1만세운동에 대한 소식을 듣고 마을의 지도자인 이달용李達鎔·이재하李載夏·이덕재李德在·이택주李宅周·유인명柳寅明·홍순철洪淳哲·윤태익尹泰益 등과 3월 16일 월산교회에 모여 봉기할 시기와 방법을 결정하고 연락하던 중 발각되었다. 이때 이재하李載夏·이승보李承輔·이택하李澤夏 등이 일본경찰에 의해 검거되었다. 이날 밤 월산리·답내리 주민 200여 명이 고개 넘어 마석우리 헌병주재소로 몰려가 검거된 인사 3명의 석방과 독립만세운동을 전개하였다.

이에 일본 헌병은 격화되어 가는 시위대의 기세를 꺾고자 무자비한 대응으로 맞섰고, 그 결과 다수의 사상자가 발생하는 참상으로 이어졌다. 당시 일본경찰의 발포로 이달용李達鎔·손복산孫福山·신영희申榮熙·유상규兪相奎·이교직李教稙 등은 그 자리에서 숨을 거두고, 이재혁李載赫·윤균尹均·강덕여姜德汝·윤정석尹丁石·원대현元大鉉 등은 중상을 입었다.

3월 19일 일본 경찰은 만세운동에 가담한 자를 체포하기 위하여 마석고개를 넘어왔는데 대다수 주민들은 피신을 하였으나 강순필

姜淳弻은 김필규金弼圭・강성원姜善遠・이승면李承冕・윤성준尹性俊・남궁우룡南宮又龍・김원석金元石・권은權慇・이윤원李允遠 등 여러 동지들과 함께 연행되어 수십 일간 고초를 겪었다.

❖ 참고문헌

독립운동사편찬위원회,『독립운동사』2, 1971.
양주문화원,『양주군지』, 1978.
양주문화원,『양주군지』하, 1992.

강완수姜完洙(1896, 건양 원년[1] ~1972)

진접면(현 진접읍) 부평리에 위치한 봉선사奉先寺의 승려로, 일제시기 독립운동가이다.

1919년 서울에서 촉발된 3·1운동이 최고조에 달했을 무렵인 3월 하순, 일찍부터 손병희孫秉熙 등 민족대표들의 독립선언 소식을 알고 있던 봉선사 승려 내부에서는 시위계획을 구체화하기로 뜻을 모았다. 이 계획의 주모자는 같은 절의 승려인 김성암金星岩·이순재李淳載와 서울에서 약종상藥種商을 하는 김석로金錫魯 등이었으나 강완수姜完洙 본인도 이 계획에 동참하고 있었던 것으로 보인다. 이들은 같은 해 3월 29일 '조선독립단 임시사무소' 명의로 이루어진 국내외 정세 속에서 만세시위의 필요성과 구체적인 지침까지 담긴 문건을 제작하여 부평리와 인근 일대의 주민들에게 배포하기로 하였다. 이순재李淳載의 발의로 제작된 문건의 내용은 "지금 파리강화회의에서는 12개국을 독립국으로 만들 것을 결정하고 있는 모양이니, 조선도 이 기회에 극력 운동을 전개하여 독립의 목적을 달성하지 않으면 안 된다"는 다소 낙관적인 정세판단이 섞인 것이다. 이 문건을 김성암金星岩·이순재李淳載·김석로金錫魯 3인이 편집하여 사찰 경내의 서기실에서 200매를 제작, 완료하였다. 제작 이후 이순

---

1) 양주문화원,『양주군지』하, 1992, 880쪽에는 강완수姜完洙의 생년이 1891년으로 기록되어 있다. 여기서 1896년이라 한 것은 1919년 일제의 재판기록에 당 24세로 기재되어 있는 데 따른 것이다.

재李淳載·김석로金錫魯와 함께 이 날 밤 9시부터 다음날 새벽 5시 사이에 부평리는 물론 인근의 진벌리榛伐里·중촌리中村里 등지의 각 민가에 격문을 살포하였다. 3월 31일 부평리 광릉천光陵川 일대에서 큰 시위가 전개된 것은 봉선사 승려들의 이러한 치밀한 계획에 힘입은 바 컸다. 강완수는 이후 일본 경찰에 체포되어, 1919년 5월 19일 경성지방법원에서 징역 1년을 선고받고 공소하여, 7월 10일 경성복심법원에서 징역 8개월을 선고받았으며, 9월 11일 고등법원에서 형이 확정됨에 따라 복역하였다. 정부는 1995년 대통령 표창을 추서하였다.

❖ 참고문헌

독립운동사편찬위원회,『독립운동사』2, 1971.
독립운동사편찬위원회,『독립운동사자료집』5, 1972.
독립운동사편찬위원회,『독립운동사』8, 1976.
국가보훈처,『독립유공자공훈록』2, 1986.
양주문화원,『양주군지』하, 1992.
국가보훈처,『독립유공자공훈록』12, 1996.
경기도사편찬위원회,『경기도 항일독립운동사』, 1995.
경기도사편찬위원회,『내고장 경기도의 인물』1, 2005.

구연흠具然欽(1883.10.6~1937.2.28, 이명; 滄海 · 蒼崖 · 江載厚)

　　진건면 출신으로, 일제시기 사회주의운동가이며, 철원군수를 지낸 봉조鳳祖의 아들이다.

　　어려서부터 한학漢學을 배워 그 이치에 밝았다고 전한다. 과거에 급제했으며 1901년부터 대한제국 궁내부 시종원 우시어右侍御를 거쳐 내부주사內部主事로 근무하였다. 1910년 일제가 조선을 강점하자 관직을 버리고 형제들이 있는 충북 괴산군 탑촌리 산촌山村에 들어가 농사를 지었으며, 한때 면장으로 추대된 적도 있었다. 이후 다시 서울로 올라와 동아일보東亞日報 영업직원으로 취업하였고, 1919년 가을에는 만주일보滿洲日報 봉천奉天지국장으로 외국에 나갔다. 본격적으로 국내 사회주의운동에 복무한 것은 1921년 귀국한 이후부터였다. 이듬해 무산자동맹회無産者同盟會에 발을 들여 놓았고 1923년 7월에는 홍명희洪命熹 · 김찬金燦 등 여러 동지들과 함께 후에 화요회火曜會로 개칭(1924.11)된 신사상연구회新思想研究會에 발기인으로 참여했다. 1924년 동아일보 지방부장, 1925년 시대일보時代日報 영업국장과 논설부장 등을 역임하면서 신문기자단체인 무명회無名會에 가입하여 활동하였다.

　　1920년대 중반 들어 노동 · 농민 · 청년 · 여성 등 각 부문별로 민족해방운동이 활발하게 전개되자, 이를 중앙에서 지도할 조선공산당의 조직문제가 제기된 바 있다. 화요회를 중심으로 1925년 4월 조직된 제1차 조선공산당 결당멤버에는 들어가 있지 않지만, 조선 공산당 결성에 간접적으로 관여했음은 『김찬조서金燦調書』를 통해 알 수 있다. 이 조서에서 홍증식洪增植은 "1924년 봄에 나, 김재봉金在鳳, 김찬, 구연흠, 사망한 이재성李載誠 등이 … 토의를 거듭한 결과, 30세 이상의 사람은 당원, 그 이하의 사람은 청년회원으로 하기로 정하여 약간 구체적인 것이 되기는 하였으나, 현재와 같은 명백히 '공산당이나 혹은 공산청년회이다'라는 명칭이 있었던 것은 아니다"라고 증언하고 있다. 이에 앞서 화요회 중심의 '전조선민중운동자대회'가 1925년 2월에 계획될 때, 70여 명의 준비위원 중 경성을 대표한 준비위원으로 참여한 바 있다. 조선공산당 결성 이후 두 달 뒤인 6월에 조선공산당에 입당하였다. 특히 제2차 조선공산당 결성에도 깊이 관여하고 있었음은 확실하다. 이는 1926년 2월 자신의 집에서 제1~2회의 중앙집행위원회가 잇달아 개최된 사실과 1926년 7월 강달영姜達永이 체포되어 당시 밝혀진 제2차 조선공산당의 간부명단에서도 혁명후원회위원 명단에 들어 있던 사실로 알 수 있다.

제1차 조선공산당 화해 이후 밝혀진 행적으로 1926년 3월 시대일보 야체이카 책임자로 활동하였고, 특히 서울에 있는 9개 야체이카가 제1·2구로 나뉘어 있었는데 제2구의 책임자로 활약하였다. 여기서 그가 망명하기 직전까지 언론기관과 사상단체 내에서 프랙션 활동을 활발히 전개하고 있었음이 확인된다. 4월에는 정우회正友會 결성에도 참여하였다. 같은 해 가을 구속 위기에 몰렸으나, 일본 경찰이 그가 조선공산당의 주요 핵심인물인지를 몰랐기 때문에 석방될 수 있었으며, 곧바로 10월 하순 중국 상해로 망명하였다.

망명 이후의 활동으로 먼저 1927년 3월 모스크바에서 열린 국제모뿔 제2차 대회에 조선대표로 참가한 것과 6월 한국유일독립당상해촉성회에 가입한 것을 들 수 있다. 이후 일국일당一國一黨 원칙이 제기되자 9월 중국공산당에 입당하여 강소성姜蘇省위원회 법남구法

南區 한인지부를 주도적으로 결성하였다. 1929년 6월에 중국에 거주하는 조선·대만인을 비롯하여 반제反帝민족해방 연대기구인 동방피압박민족반제대동맹회주비회東方被壓迫民族反帝大同盟會籌備會 결성에 참여했고, 11월부터 동회에 총무부 비서로 선임되었다. 같은 달 한국유일당독립당상해촉성회를 해체한 뒤 결성한 한국독립운동자동맹韓國獨立運動者同盟에 총무부장으로서 기관지 『앞으로』의 발행에 참여하였다.

1930년 1월 들어 중국에 거주하는 조선·대만인을 비롯하여 반제민족해방 연대기구로 조직된 동방피압박민족반제대동맹회주비회 안의 소속단체 대표회를 동원하여 상해에서 광주학생운동을 지지하는 시위를 주도적으로 벌였다. 이후 중국공산당 한인지부와 상해한인청년동맹上海韓人靑年同盟의 위원장으로 있으면서 상해에서 3·1운동 기념시위, 6·10만세운동 기념시위 등 각종 대중활동에서 그의 활동을 빼놓을 수 없었다. 그러던 중 그해 9월 상해에서 일본 경찰에 체포되어 서울로 압송된 뒤 징역 8년을 선고받았다. 출옥 후 얼마 뒤인 1937년 2월에 사망했다.

정부는 고인의 공을 기려 2005년에 건국훈장 애국장을 추서하였다.

❖ 참고문헌

『조선일보』, 『동아일보』, 『김찬조서金燦調書』.
김준엽·김창순, 『한국공산주의운동사』 1～5, 청계연구소, 1986.
양주문화원, 『양주군지』 하, 1992.
강만길·성대경 엮음, 『한국사회주의운동인명사전』, 창작과 비평사, 1996.
경기도사편찬위원회, 『내고장 경기도의 인물』 1, 2005.
국가보훈처, 『독립유공자공훈록』 16, 2006.

구영식具永植(생몰년 미상)

화도면(현 화도읍) 출신으로, 일제시기 독립운동가이다.

1907년 선교사에 의해 월산교회가 세워지면서 월산교회에서는 배인학당을 세워 학생들에게 교육을 가르치고 있었다. 이때 김필규金弼圭는 교회와 학교의 지도자로서 이인하李麟夏·이택하李澤夏와 함께 서울에서의 3·1만세운동에 대한 소식을 듣고 마을의 지도자인 이달용李達鎔·이재하李載夏·이덕재李德在·이택주李宅周·유인명柳寅明·홍순철洪淳哲·윤태익尹泰益 등과 3월 16일 월산교회에 모여 봉기할 시기와 방법을 결정하고 연락하던 중 발각되었다. 이때 이재하李載夏·이승보李承輔·이택하李澤夏 등이 일본경찰에 의해 검거되었다. 이날 밤 월산리·답내리 주민 200여 명이 고개넘어 마석우리 헌병주재소로 몰려가 검거된 인사 3명의 석방과 독립만세운동을 전개하였다.

이에 일본 헌병은 격화되어 가는 시위대의 기세를 꺾고자 무자비한 대응으로 맞섰고, 그 결과 다수의 사상자가 발생하는 참상으로 이어졌다. 당시 일본경찰의 발포로 이달용李達鎔·손복산孫福山·신영희申榮熙·유상규兪相奎·이교직李敎稙 등은 그 자리에서 숨을 거두고, 이재혁李載赫·윤균尹均·강덕여姜德汝·윤정석尹丁石·원대현元大鉉 등은 중상을 입었다.

3월 19일 일본 경찰은 만세운동에 가담한 자를 체포하기 위하여 마석고개를 넘어왔는데 대다수 주민들은 피신을 하였으나 구영식

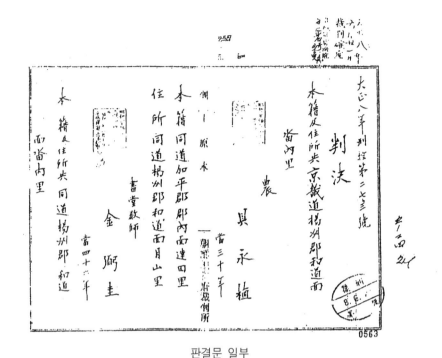

판결문 일부

具永植은 김필규金弼圭 · 강성원姜善遠 · 이승면李承冕 · 윤성준尹性俊 · 남궁우룡南宮又龍 · 김원석金元石 · 권은權憗 · 이윤원李允遠 · 강순필姜淳弼 등 동지들과 함께 연행되어 혹독한 고문을 당했다.

❖ 참고문헌

김정명, 『조선독립운동』 1권 분책, 원서방, 1967.
독립운동사편찬위원회, 『독립운동사』 2, 1971.
국가보훈처, 『독립유공자공훈록』 2, 1986.
양주문화원, 『양주군지』 하, 1992.
경기도사편찬위원회, 『경기도 항일독립운동사』, 1995.

권노적權魯赤(생몰년 미상)

진건면 오남리(현 오남면 오남리) 출신으로, 일제시기 독립운동가이다.

1919년 3·1운동이 서울에서 시작되어 전국으로 만세열기가 확산되는 가운데, 오남리 일대에서도 시위가 벌어졌다. 권노적은 3월 29일 진건면 오남리에서 나상규羅相奎·손삼남孫三男·엄본성嚴本成·이종갑李鍾甲·여원필呂元弼·한백석韓白石 등과 함께 시위를 주도하여 수십 명의 주민이 집결한 가운데 독립만세시위를 전개하였다.

❖ 참고문헌

독립운동사편찬위원회, 『독립운동사』 2, 1971.
국가보훈처, 『독립유공자공훈록』 2, 1986.
양주문화원, 『양주군지』 하, 1992.
경기도사편찬위원회, 『경기도 항일 독립운동사』, 1995.

권은權慇(생몰년 미상)

화도면(현 화도읍) 출신으로, 일제시기 독립운동가이다.

1907년 선교사에 의해 월산교회가 세워지면서 월산교회에서는 배인학당을 세워 학생들에게 교육을 가르치고 있었다. 이때 김필규金弼圭는 교회와 학교의 지도자로서 이인하李麟夏 · 이택하李澤夏와 함께 서울에서의 3·1만세운동에 대한 소식을 듣고 마을의 지도자인 이달용李達鎔 · 이재하李載夏 · 이덕재李德在 · 이택주李宅周 · 유인명柳寅明 · 홍순철洪淳哲 · 윤태익尹泰益 등과 3월 16일 월산교회에 모여 봉기할 시기와 방법을 결정하고 연락하던 중 발각되었다. 이때 이재하李載夏 · 이승보李承輔 · 이택하李澤夏 등이 일본경찰에 의해 검거되었다. 이날 밤월산리 · 답내리 주민 200여 명이 고개넘어 마석우리 헌병주재소로 몰려가 검거된 인사 3명의 석방과 독립만세운동을 전개하였다.

이에 일본 헌병은 격화되어 가는 시위대의 기세를 꺾고자 무자비한 대응으로 맞섰고, 그 결과 다수의 사상자가 발생하는 참상으로 이어졌다. 당시 일본경찰의 발포로 이달용李達鎔 · 손복산孫福山 · 신영희申榮熙 · 유상규兪相奎 · 이교직李敎稙 등은 그 자리에서 숨을 거두고, 이재혁李載赫 · 윤균尹均 · 강덕여姜德汝 · 윤정석尹丁石 · 원대현元大鉉 등은 중상을 입었다.

3월 19일 일본 경찰은 만세운동에 가담한 자를 체포하기 위하여 마석고개를 넘어왔는데 대다수 주민들은 피신을 하였으나 권은權慇은 김필규金弼圭 · 강성원姜善遠 · 이승면李承冕 · 윤성준尹性俊 · 남궁우

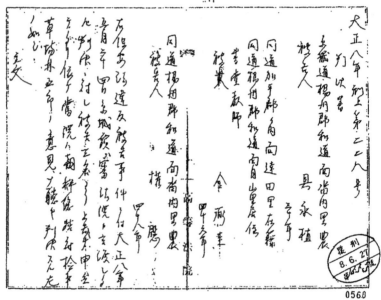

판결문 일부

룡南宮又龍·김원석金元石·구영식具永植·이윤원李允遠 등의 동지들과
함께 연행되어 수개월간 옥고를 치렀다.

❖ 참고문헌

김정명, 『조선독립운동』 1권 분책, 원서방, 1967.
독립운동사편찬위원회, 『독립운동사』 2, 1971.
국가보훈처, 『독립유공자공훈록』 2, 1986.
양주문화원, 『양주군지』 하, 1992.
경기도사편찬위원회, 『경기도 항일독립운동사』, 1995.

김덕여 金德汝 (1875.6.8～1937.3.19)

와부면 송촌리(현 조안면 송촌리)
출신으로, 일제시기 독립운동가이
다. 농업에 종사했으며, 기독교인
이다.

김현모金顯模·이정성李正成·김
정하金正夏 등은 3·1만세운동이 전
국적으로 확산되자 거사일을 3월
14일로 정하고 동지들을 포섭하고,
만세운동에 필요한 선언서와 태극
기를 인쇄하고 제작하였다. 거사
당일 3월 14일 이들은 미리 준비
한 독립선언서와 태극기를 군중들
에게 배포하고 독립만세를 고창하였다.

김덕여

이러한 만세 열기는 3월 15일까지 이어져, 와부면 일대 시위에
정일성鄭一成·이갑동李甲同·오성준吳成俊·김덕오金德五·이정운李
正雲·김윤경金允京·이건흥李建興 등이 함께 동참하였다. 김덕여는
이들과 보조를 맞춰 송촌리 일대에 집결한 시위군중을 이끌고, 덕
소리로 행진해나갔다. 이곳에서 전태현全泰鉉·박경식朴景植 등 여
러 동지들이 합류하였고, 다시 시위대와 함께 조안리로 향했다. 시
위과정에서 일본 헌병과 잦은 충돌을 빚었고 폭력투쟁으로 발전했

으며, 그 과정에서 시위주도 혐의로 체포되었다. 1919년 4월 25일 경성지방법원에서 보안법 위반혐의로 8개월 형을 선고받고, 경성 복심법원을 거쳐 1919년 7월 5일 고등법원에서 형이 확정됨에 따라 서대문감옥에서 복역하고 이듬해 석방되었다. 당시 재판기록에 대한 신상카드가 남아 있다. 1995년에 독립운동에 대한 공훈을 인정받아 정부로부터 대통령표창이 추서되었다.

❖ 참고문헌

판결문(1919.4.25, 경성지방법원).
판결문(1919.5.31, 경성복심법원).
판결문(1919.7.5, 고등법원).
독립운동사편찬위원회, 『독립운동사』 2, 1971.
독립운동사편찬위원회, 『독립운동사자료집』 5, 1972.
국가보훈처, 『독립유공자공훈록』 2, 1986.
양주문화원, 『양주군지』 하, 1992.
국사편찬위원회, 『한민족독립운동사자료집』 별집 1, 1992.
경기도사편찬위원회, 『경기도 항일독립운동사』, 1995.
국가보훈처, 『독립유공자공훈록』 12, 1996.
경기도사편찬위원회, 『내고장 경기도의 인물』 1, 2005.

김덕오金德五(1882.10.7~1961.8.31, 이명; 德吾)

와부면 송촌리(현 조안면 송촌리) 출신으로, 농업에 종사했으며, 일제시기 독립운동가이다.

김현모金顯模·이정성李正成·김정하金正夏 등은 3·1만세운동이 전국적으로 확산되자 거사일을 3월 14일로 정하고 동지들을 포섭하고, 만세운동에 필요한 선언서와 태극기를 인쇄하고 제작하였다. 거사당일 3월 14일 이들은 미리 준비한 독립선언서와 태극기를 군중들에게 배포하고 독립만세를 고창하였다.

김덕오

이러한 만세 열기는 3월 15일까지 이어져, 와부면 일대 시위에 정일성鄭一成·이갑동李甲同·오성준吳成俊·이정운李正雲·김윤경金允京·이건흥李建興 등이 함께 동참하였다. 김덕오는 이들과 함께 송촌리 일대에 집결한 시위군중을 선도하면서, 덕소리로 행진해나갔다. 이곳에서 전태현全泰鉉·박경식朴景植 등 여러 동지들이 합류하였고, 다시 시위대와 함께 조안리로 향했다. 시위과정에서 일본 헌병과 잦은 충돌을 빚었고 폭력투쟁으로 발전했다. 그 과정에서 시위

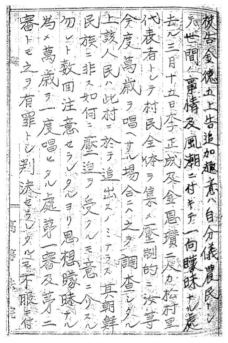

판결문 일부

주도 혐의로 체포되었다. 1919년 4월 25일 경성지방법원에서 보안법 위반혐의로 8개월 형을 선고받고, 경성복심법원을 거쳐 1919년 7월 5일 고등법원에서 형이 확정됨에 따라 서대문감옥에서 복역하고 이듬해 석방되었다. 당시 재판기록에 대한 신상카드가 남아 있다. 1995년에 독립운동에 대한 공훈을 인정받아 정부로부터 대통령표창이 추서되었다.

❖ 참고문헌

판결문(1919.4.25, 경성지방법원).
판결문(1919.5.31, 경성복심법원).
판결문(1919.7.5, 고등법원).
독립운동사편찬위원회, 『독립운동사』 2, 1971.
독립운동사편찬위원회, 『독립운동사자료집』 5, 1972.
국가보훈처, 『독립유공자공훈록』 2, 1986.
양주문화원, 『양주군지』 하, 1992.
국사편찬위원회, 『한민족독립운동사자료집』 별집 1, 1992.
경기도사편찬위원회, 『경기도 항일독립운동사』, 1995.
국가보훈처, 『독립유공자공훈록』 12, 1996.
경기도사편찬위원회, 『내고장 경기도의 인물』 1, 2005.

김석로金錫魯(1890, 고종 27~?)

일제시기 독립운동가이며, 서울 출신으로 약종상에 종사하다가, 3·1운동 당시 진접면(현 진접읍) 부평리 일대의 시위를 주도했다.

일찍부터 손병희 등 민족대표들의 3·1운동의 소식을 알고 있던 봉선사 승려 일부에서는 시위계획을 구체화하기로 의견일치를 보았다. 김석로金錫魯는 서울 창성동昌成洞에서 약종상을 하면서 봉선사 승려인 김성숙金星淑·이순재李淳載와 친분을 쌓고 이었던 관계로, 이들

김석로

과 처음부터 끝까지 시위계획에 대한 교감을 갖고 있던 상태였다. 김성숙金星淑·이순재李淳載와 함께 같은 해 3월 29일 국내외 정세 속에서 만세시위의 필요성과 구체적인 지침까지 단긴 문건을 제작하여, 부평리와 인근 일대의 주민들에게 배포하기로 하였다. 이순재李淳載의 발의로 제작된 문건의 내용은 "지금 파리강화회의에서는 12개국을 독립국으로 만들 것을 결정하고 있는 모양이니, 조선도 이 기회에 극력 운동을 전개하여 독립의 목적을 달성하지 않으면 안 된다"는 다소 낙관적인 정세판단이 섞인 것으로 '조선독립

단 임시사무소' 명의로 이루어진 것이었다. 김성숙金星淑·이순재李淳載 등과 함께 편집하여 사찰 경내의 서기실에서 200매를 제작, 완료하였다. 제작 이후 이순재李淳載·강완수姜完洙 등과 함께 이 날 밤 9시부터 다음날 새벽 5시 사이에 부평리는 물론 인근의 진벌리·중촌리 등지의 각 민가에 격문을 살포하였다. 3월 31일 부평리 광릉천 일대에서 큰 시위가 전개된 것은 봉선사 승려들의 이러한 치밀한 계획에 힘입은 바 컸다고 볼 수 있다. 김석로는 이후 다른 동지들과 함께 일본 경찰에 체포되어 1919년 5월 19일 경성지방법원에서 징역 1년 6개월 형을 선고받았다. 이에 공소하여 7월 10일 경성복심법원에서 징역 1년 형을 선고 받았으며, 9월 11일 고등법원에서 형이 확정됨에 따라 서대문감옥에서 복역하고 이듬해 출옥하였다. 당시 재판기록을 담은 신상카드가 남아 있다.

❖ 참고문헌

　　독립운동사편찬위원회, 『독립운동사』 2, 1971.
　　독립운동사편찬위원회, 『독립운동사자료집』 5, 1972.
　　국가보훈처, 『독립유공자공훈록』 2, 1986.
　　양주문화원, 『양주군지』 하, 1992.
　　국사편찬위원회, 『한민족독립운동사자료집』 별집 2, 1992.

김성숙 金星淑(1898, 광무 2~1969, 이명; 昌淑·星岩·成淑·夜光)

김성숙

일제시기 독립운동가이자, 해방 이후 정치인으로 활동한 인물로 평안북도 철산군 강암동에서 출생하였다. 호는 운안雲岩, 본관은 철산, 중국명은 김규광金奎光이며, 부친은 문환, 모친은 임천 조씨林川趙氏이다. 1919년 3·1운동 당시 진접면(현 진접읍) 소재 봉선사의 승려로 있으면서 부평리 일대의 시위를 주도했다.[1]

---

1) 김성숙은 1919년 3·1운동 당시 진접면 봉선사 승려로 있었음이 분명하다. 그 근거는 김성숙의 실제 나이가 3·1운동 당시 일제의 재판기록에 나와 있는 기록과 일치하는 점, 많은 연구성과에서 공통적으로 3·1운동 참가로 체포되어 재판을 받고 복역한 사실을 지적하고 있는 점, 그리고 김성숙이 이명으로 김성암金星岩을 사용하고 있는 점 등이다. 다만 일제의 재판기록에 김성숙이 아닌 김성암으로 기재되어(독립운동사편찬위원회,『독립운동사자료집』5, 1972, 302쪽) 이후 현구자가 두 인물을 동명이인으로 간주하거나 가볍게 넘어간 경우가 많다. 예를 들어『한국사회주의운동인명사전』, 1996, 84쪽에는 1916년 이후 3년간 양평군 용문사에서 승려생활을 했다고 했으며,『지도자군상』에는 경기도 '모산사'에서 승려생활을 했다고 기록되어 있다. 김성숙의 1910년대 행적은 1920년대 이후 중국으로 주 활동무대를 옮기기 이전 그의 사상적 기반

빈농의 장남으로 태어나 10살 때 신식학교인 대한독립학교에 입학하였다. 1910년 일제의 조선강점으로 학교가 폐쇄되자, 농사를 지으면서 한학을 공부하였다. 1914년 만주에서 독립운동을 하다가 잠시 귀국한 삼촌에게 독립군의 근황을 듣고 만주로 가기로 결심, 원산에서 청진으로 가는 배를 기다리다 일본 헌병의 불심검문으로 중국행이 좌절되었다. 같은 해 4월 초파일 석가탄신일에 양평 용문사 주지 풍곡신원風谷信元 스님을 만나니 그는 봉선사 월초대사月初大師의 제자였다. 1916년 풍곡 스님에 의하여 삭발, 월초 스님을 통하여 손병희·한용운 스님 등을 알게 되었고 독립운동의 꿈을 키웠다. 그러던 중 1919년 3·1운동이 발발할 당시에는 진접면 봉선사에서 머물고 있었다. 일찍부터 손병희 등 민족대표들의 3·1독립선언 소식을 알고 있던 봉선사 승려 일부에서는 시위계획을 구체화하기로 의견일치를 보았다. 이때 같은 절의 승려인 이순재李淳載와 서울에서 약종상을 하는 김석로金錫魯 등과 함께 처음부터 시위계획을 면밀히 수립해나갔다. 이순재李淳載·김석로金錫魯와 함께 같은 해 3월 29일 국내외 정세 속에서 만세시위의 필요성과 구체적인 지침까지 단김 문건을 제작하여, 부평리와 인근 일대의 주민들에게 배포하기로 하였다. 이순재李淳載의 발의로 제작된 문건의 내용은 "지금 파리강화회의에서는 12개국을 독립국으로 만들 것을 결정하고 있는 모양이니, 조선도 이 기회에 극력 운동을 전개하여 독립의 목적을 달성하지 않으면 안 된다"는 다소 낙관적인 정세판단이 섞인 것으로 '조선독립단 임시사무소' 명의로 이루어진 것이었다. 이순재李淳載·김석로金錫魯 등과 함께 편집하여 사찰 경내의 서기실에서 200매를 제작, 완료하였다. 제작 이후 이순재李淳載·강완수姜完洙 등과 함께 이 날 밤 9시부터 다음날 새벽 5시 사이에 부평리는 물론 인근의 진벌리·중촌리 등지의 각 민가에 격문을 살포하였다. 이러한 치밀한 계획과 행동이 3월 31일 부평리 광릉천

─────────

을 유추할 수 있다는 점에서 정확히 추적할 필요가 있다.

일대에서 큰 시위가 일어나는 데 촉매제 역할을 한 것으로 보인다. 동지들과 함께 일본 경찰에 체포되어, 1919년 5월 19일 경성지방법원에서 징역 1년 2개월을 선고받고 공소하여, 7월 10일 경성복심법원에서 징역 8개월을 선고받았으며, 9월 11일 고등법원에서 형이 확정됨에 따라 복역하였다. 출옥 후 봉선사로 되돌아갔으나, 곧 전국 각지를 돌아다니며 독립정신을 고취하는데 힘썼다.

1921년 승려 신분으로 무산자동맹회와 조선노동공제회에 들어가 활동하였는데, 특히 조선노동공제회에서는 충청북도 괴산에서 일어난 소작쟁의 진상을 조사하여 본회와 각 지회에 알리는 등 적극적인 활동을 전개하였다. 1922년 월초 스님으로부터 태호太虎란 당호를 받았다. 1923년 불교 유학생으로 북경으로 건너갔다. 이듬해 이르쿠츠크파 공산주의조직인 창일당創一黨 결성에 참여하고 기관지 『혁명』의 주필로 활약했다. 한동안 대학에서 정치학과 경제학을 공부한 바 있고, 북경에서 의열단義烈團에 가입하여 선전부장으로 활동하였다. 1925년 말 중국혁명의 거점인 광동廣東으로 옮겨가 중산대학에서 공부하면서 혁명운동에 전념하였다. 1926년 봄 의열단의 김원봉金元鳳·장지락張志樂 등과 함께 유오한국혁명동지회留奧韓國革命同志會를 조직하고 기관지 『혁명운동』의 편집을 맡았으며, 북경과 상해를 오가면서 민족유일당 건설운동에 깊이 관여하였다. 1927년 무한武漢으로 옮겼으며 같은 해 12월 중국공산당이 광주에서 무장봉기를 일으켰는데, 이 봉기에 한국인 대표로서 코민의 지휘부에 참여하였다.

무장봉기가 실패한 후에는 홍콩을 거쳐 상해로 탈출하였다. 1930년대 들어 중국의 문화운동에 참여하였으며 노신魯迅이 결성한 중국좌익작가연맹에도 관여하였다. 1932년 광서성廣西省의 성립사범대학에서 약 1년간 교수생활도 하였다. 그 후 1934년까지 문필활동에 전념하여 『일본경제사론』·『통제경제론』·『중국학생운동』 등의 책을 번역, 간행하였다. 1936년 상해에서 박건웅朴建雄·

장지락 등과 함께 조선민족해방동맹 결성에 참여하고, 기관지『민족해방』을 발행하였다. 1937년 1월 조선민족해방동맹, 조선민족혁명당, 아나키즘운동단체인 조선혁명자동맹을 연결하여 좌파 통일전선 조직인 조선민족전선연맹을 결성하고, 선전부장으로서 기관지『민족전선』의 편집인을 맡았다. 이듬해에 기관지『조선의용대통신』의 편집위원을 지냈다. 1942년 조선의용대가 대한민국 임시정부 산하 광복군에 편입된 이후 대한민국 임시정부에 참여하였다. 1942년 대한민국 임시정부 내무차장직을 맡은 것을 시작으로해서, 1943년에는 외무부 외교연구위원회 위원이 되어 외교 전반에 대해 연구하였다. 그리고 같은 해 4월 행정부의 한 부서로 선전부가 신설되자 조소앙趙素昻 등과 함께 선전부 위원이 되어 대한민국 임시정부 선전사업과 각종 선전지도를 담당하였다. 1944년에는 조선민족해방동맹의 대표로 대한민국 임시정부의 국무위원에 취임하여, 대한민족 임시정부를 좌우합작의 통일전선체로 운영할 것을 주장하였다. 1945년 이승만이 대한민국 임시정부를 대표하여 샌프란시스코연합국회의에 참여하여 행한 반소反蘇 발언을 비판하고, 국무위원직을 사임하였다.

그러나 8·15광복이 되자 조소앙의 권유로 대한민국 임시정부에 복귀하여 같은 해 12월 대한민국 임시정부 제2진으로 귀국하였다. 귀국 이후 서울에서 임시정부와 국내 좌익진영을 연결하려고 노력하였으나 실패하자 임시정부를 탈퇴하여 좌파에 합류하였다. 1946년 2월에 결성된 민주주의민족전선에 조선민족해방동맹 대표로 참여하여, 중앙집행위원과 부의장에 선출되었다. 같은 해 민주주의민족전선을 선전할 목적으로 호남지방을 순회하다 미군정 당국에 체포되어 한동안 구금된 적도 있었다. 조선공산당과 남로당과는 일정한 선을 긋고 있었지만, 좌우합작위원회 좌파 대표와 근로인민당 조직국장으로서 여운형呂運亨·장건상과는 가까운 노선을 취하였다. 1947년 12월 민족자주연맹 결성에 참가, 1948년 남

북협상 당시 동연맹의 대표로 참여한 바 있다. 1948년 5·10 총선에
는 참여하지 않았다.

　한국전쟁 이후 이승만 정권과 싸우면서 혁신정당 결성운동에 주
력하였고, 처음에는 조봉암 등의 진보당 결성에도 관여하였다. 이
후 1957년 9월에는 서상일徐相─ 등이 조직한 민주혁신당 결성에
참가하고, 같은 해 11월 제4대 민의원선거를 앞두고 국가보안법 위
반혐의로 검거되었으나 1심에서 무죄판결을 받고 6개월 만에 석방
되었다. 4·19혁명 이후에는 사회대중당·통일사회당 등 정당과 민
족자주통일중앙협의회 등 사회단체에 관여하였는데, 5·16쿠데타
가 일어난 후 반국가행위 혐의로 검거되었다. 출옥 후 1966년에는
신한당, 1967년에는 신민당의 창당에 관여하는 등 야당생활로 일
관하다가 1969년 4월 병사하였다. 정부에서는 그 공을 기리어 1982
년 건국훈장 국민장을 추서하였다.

❖ 참고문헌

　김오성, 『지도자군상』, 수영사, 1946.
　김승학, 『한국독립사』, 독립신문사, 1965.
　독립운동사편찬위원회, 『독립운동사자료집』 2·4·7·8, 1972~1976.
　독립운동사편찬위원회, 『독립운동사자료집』 3·5·13·14, 1971~1976.
　님 웨일즈, 조우화 역, 『아리랑』, 동녘, 1984.
　김재명, 「김성숙선생의 묘비명」, 『정경연구』, 1985.10.
　김후경, 『대한민국독립운동공훈사』, 광복출판사, 1986.
　국가보훈처, 『독립유공자공훈록』 4, 1987.
　미즈노 나오키水野直樹, 「김성숙」, 『조선민족운동사연구』 4, 1987.
　현룡순·리정문 편저, 『조선족백년사화』, 거름, 1989.
　양주문화원, 『양주군지』 하, 1992.
　경기도사편찬위원회, 『경기도 항일독립운동사』, 1995.
　경기도사편찬위원회, 『내고장 경기도의 인물』 1, 2005.

김순만金順萬(생몰년 미상)

진접면(현 진접읍) 부평리 출신으로, 일제시기 독립운동가이다.

1919년 3월 29일 밤, 부평리와 주변 마을 일대에 "거주하는 동리의 주민 일동이 모여 광릉천 강가에서 독립만세를 부르자"는 내용이 담긴 격문이 광범위하게 살포되었다.[1] 격문을 받아본 마을주민 이재일李載日과 함께 시위를 벌이기로 합의하고 29일 밤에서 30일 사이에 동조할 주민들을 규합하고 대책을 논의하였다. 김순만은 이재일李載日·최영갑崔永甲·최대봉崔大奉·양삼돌梁三乭·유희상柳熙庠·이흥록李興錄·최대복崔大福 등과 함께 3월 31일 시위를 결정하였다. 이러한 계획에 따라 당일 광릉천에 모인 6백여 명의 주민들은 조선독립만세를 힘껏 부르며 시위에 참여하였다.[2]

---

1) 이 격문은 부평리 소재 봉선사 승려들인 강완수姜完洙·김성숙·이순재李淳載와 서울에서 약종상을 하는 김석로金錫魯 등이 제작, 반포한 것으로 보인다(강완수姜完洙·김석로金錫魯·김성숙·이순재李淳載에 대한 서술 부분을 참고). 부평리 일대에 광범위하게 살포된 이 격문을 보고 이재일李載日을 중심으로 김순만·박석몽·양삼돌·유희상·이흥록·최대복·최대봉·최영갑 등이 뜻을 같이하여 3월 31일 광릉천 시위에 적극 참여한 것으로 보인다.

2) 3월 31일 광릉천변의 만세시위와 관련하여 각종 독립운동사 자료에는 시위를 주도했던 9명의 명단을 볼 수 있다. 그 중 김순만을 제외한 8명이 체포되어 재판에 회부된다. 여기서 김순만이 시위계획에만 참여하고 정작 시위에는 불참했는지, 아니면 시위에 참여하고도 체포되지 않았는지 알 수 없지만 그가 광릉천 시위와 관련되어 있는 것은 확실하다.

❖ 참고문헌

독립운동사편찬위원회, 『독립운동사』 2, 1971.
국가보훈처, 『독립유공자공훈록』 2, 1986
양주문화원, 『양주군지』 하, 1992.
경기도사편찬위원회, 『경기도 항일독립운동사』, 1995.

김영하金永夏(1884, 고종 21~?)

　미금면渼金面 평내리(현 평내동) 출신으로, 농업에 종사했으며, 일제시기 독립운동가이다. 1919년 3월 1일부터 시작되니 만세운동 소식을 듣고서 조선독립의 열망을 품고 있던 중 동리 구장인 이승익李昇翼의 연락을 받고 시위에 주도적으로 참여하였다. 3월 13일 이승익李昇翼의 주도 아래 동네 박모朴某 집 앞에 마을주민들이 모여들었다. 이 자리에서 전국으로 확산되고 있는 독립만세시위를 저지할 목적으로 일본 총독 하세가와長谷川好導가 배포한 "국민들은 쓸데없는 유언비어에 열중하여 되지도 않는 일에 광분하지 말라. 제국은 전승국戰勝國이므로 일한합병日韓合倂에 관하여는 조금도 변경의 여지가 없다"는 내용의 고유문告諭文을 이승익李昇翼이 낭독하였다. 이에 그 자리에 모여 있던 100여 명의 주민들은 야유를 퍼부으며 "우리는 만세를 부릅시다"라고 외치고 시위대를 형성하며 만세운동을 전개해나갔다. 이때 이승익李昇翼과 함께 시위대를 이끌었으며, 이 외에 같은 마을에 거주하는 이보영李輔永・우보현禹輔鉉・정기섭丁基燮・이석준李錫俊 등이 적극 가담하였다. 다음날인 14일에도 시위가 이어져 100여 명의 시위대와 함께 면사무소가 위치한 금곡리金谷里까지 대한독립만세를 소리 높여 외치며 행진하였다. 시위대가 금곡리로 가는 두 번째 고개에 이르렀을 때 일본인의 해산 권유를 받았으나 시위행렬은 계속 이어졌다. 김영하는 시위 후 일본 경찰에 체포, 주모자로 몰려 1919년 5월 8일 경성지방법원에서 징역 6개월 형을 선고받고 공소하였으나, 6월 28일 경성복심법원에서 공소 기각판결을 받았다. 다시 상고하였으나 8월 18일 고등법원에서 기각판결을 받고 형이 확정되어 복역하였다.

❖ 참고문헌

독립운동사편찬위원회, 『독립운동사』 2, 1971.
독립운동사편찬위원회, 『독립운동사자료집』 5, 1972.
국가보훈처, 『독립유공자공훈록』 2, 1986.
양주문화원, 『양주군지』 하, 1992.
경기도사편찬위원회, 『경기도 항일독립운동사』, 1995.

김용기 金容基(1909, 융희 3~1988)

김용기 장로

와부면 능내리(현 조안면 능내리) 봉안마을 출신으로, 농촌 계몽운동가이다. 부친인 안동 김씨 김춘교와 어머니 김공윤 사이의 5남으로 태어났다. 호는 일가一家이다.

엄격한 가정교육과 독실한 기독교 집안에서 성장했으며 특히 부모로부터 받은 영향은 죽을 때까지 자신의 신앙생활에 뿌리가 되었다. 청소년 시절에는 몽양 여운형이 경기도 양평에 설립한 사립기독 광동학교廣東學校에 입학하여 근대 교육을 받을 수 있었다. 광동학교는 몽양이 농촌 청년들에게 민족의식을 심어주기 위해 설립한 기독교 계통의 학교로, 이때 맺은 인연으로 이후 오랫동안 몽양이 행한 민족구원의 지도이념에 충실히 따랐다. 재학시절 내내 우등생으로 일관하여 주위의 기대를 한 몸에 받았다고 한다. 1929년 김봉희와 결혼하여 1984년 사별할 때까지 55년간 황무지 개척의 동반자로서 함께 일하였다.

투철한 민족의식을 다지고 농촌에 정착하기로 결심한 후 1931년부터 고향마을에 훗날 '가나안농장'으로 계승된 '봉안 이상촌'을 건설하기 시작하였다. 한동안 자금난에 시달리다가 경기도 광주廣州의 한 부자에게 돈을 빌린 후 마을 뒷산 황무지를 사서 부인과 함께 땅을 일구기 시작했던 것이다. 그로부터 몇 년 뒤인 1935년경에 자신의 5형제를 비롯하여 친구인 여운혁呂運赫 목사 등과 함께 마을 앞 수천 평의 땅에서 본격적인 봉안 이상촌을 건설하기로 뜻을 모았다. 먼저 집집마다 닭·돼지 등의 가축을 키우는 한편 복숭아·배 등의 과수를 심고 과목 사이에 고구마를 심었다. 특히 고구마 농사는 당시 마을의 부족한 식량을 해결함과 동시에 농가수입을 증대시키는데 결정적인 기여를 하였다. 당시 시급했던 식량문제를 해결함과 동시에 환경개선, 식생활개선, 농업기술보급, 상·혼·제례 간소화 등 정신개조를 통한 애국정신 함양에도 크게 힘썼다. 또한 봉안교회를 중심으로 조직된 청년회에서는 농촌 내의 유년·소년·청년 대상의 교육계몽운동과 여운혁 목사가 중심이 되어 마을주민들을 대상으로 한 야학운영 등을 통해 문맹퇴치운동도 전개하였다.

김용기 장로와 임흥섭(좌로부터 두 번째는 필자 임병규의 부친)

김용기 장로 생가

그 결과 자신의 자서전에 밝힌 바, 봉안촌 마을이 1930년대에 이미 문맹을 퇴치하는 개가를 올렸다. 봉안 이상촌이 급성장할 수 있었던 요인은 그의 탁월한 지도력과 함께 주민 모두가 신앙생활을 공유하고 있었던 점도 빼놓을 수 없다. 일체감을 바탕으로 이상촌 주민 모두가 노력한 결과, 그 성장률은 놀라울 정도여서 1940년경에 주민 수는 물론 논·밭·과수원의 규모도 크게 확대되었다.

이상촌 건설운동에 매진하면서, 한편으로는 몽양에게서 감화받은 민족의식을 지속적으로 표출하였다. 대표적인 사례로 1939년 장로장립을 받을 당시 식순의 하나였던 동방요배東方遙拜를 거부하여 일본 경찰에 구속되는 고초를 겪은 일을 들 수 있다. 이밖에 1940년대 들어 일제가 강요한 창씨개명을 수락하지 않거나 일제가 요구한 공출을 앞장서서 거부하였다. 또한 여운형의 주도로 1944년 8월에 조직한 조선건국동맹의 하부조직인 농민동맹이 10월 양평에서 결성될 때, 양주군의 대표로 참석하여 자신의 옛 스승과 함께 항일의지를 펼치기도 했다.

한편 일제시기의 봉안 이상촌 건설이란 경험을 살려 한국전쟁 이후인 1954년 11월 광주군(현 하남시 풍산동)에 정착, 다시 황무지를 개척하면서 가나안농장이란 커다란 결실을 맺을 수 있었다. 계속해서 근면·봉사·희생정신 위에 '몸 바쳐 일하자, 겸손히 섬기자'는 교훈을 내걸고 1962년 2월에 '가나안 농군학교'의 문을 열었다. 이후 타계할 때까지 종교인·공무원·군인·농부는 물론 사회 유력 인사를 포함하여 모두 35만 천여 명 정도의 다양한 계층을 교육시켰다. 이 학교는 정신개척의 도장으로서 자신의 개척자적 철학을 구현하는데 중점을 두고 의식·생활·인격의 혁명을 중요한 교육 과제로 삼았다.

이러한 공로를 인정받아 1966년 8월 막사이사이상을 수상하는

봉안교회

영광을 누렸다. 가나안 농군학교의 설립은 5·16군사쿠데타 이후 경제개발계획과 맞물려 국가주도의 국민운동과 맥을 같이했기 때문에 빠르게 성장할 수 있었다. 1973년에는 가나안 복민회를 설립하여 강원도 원성군에 제2농군학교와 제1농군학교를 중심으로 복민운동의 실천기반을 확보하고 이듬해 복민주의 연구실을 설치하여 복민사상의 이론적 실천을 체계화하는데 힘썼다. 1980년 가나안 농군학교를 수료한 수료생을 중심으로 일가회—家會를 조직하여 복민운동의 주체로 키웠다. 식솔 모두가 철저히 복민운동의 역군으로 교육하여 가족이 솔선하여 가나안 식구로 일하고 있는 셈이다.

저서로는『참 살길 여기에 있다』·『이렇게 살 때가 아닌가』·『심은대로 거두리라』·『운명의 개척자가 되자』·『나의 한길 60년』·『영광된 내일을 위하여』·『가나안으로 가는 길』등이 있다.

❖ 참고문헌

김용기,『가나안으로 가는 길』, 창조사, 1968.
박　완,『이것이 가나안이다』, 규동문화사, 1979.
김용기,『나의 한길 60년』, 규장문화사, 1980.
양주문화원,『양주군지』하, 1992.
하남시,『하남의 맥』, 1992.
경기도사편찬위원회,『내고장 경기도의 인물』1, 2005.

김우동金愚東(생몰년 미상)

화도면(현 화도읍) 마석모루 시위에 관여하였으며, 일제시기 독립운동가이다.

1907년 선교사에 의해 월산교회가 세워지면서 월산교회에서는 배인학당을 세워 학생들에게 교육을 가르치고 있었다. 이때 김필규金弼圭는 교회와 학교의 지도자로서 이인하李麟夏·이택하李澤夏와 함께 서울에서의 3·1만세운동에 대한 소식을 듣고 마을의 지도자인 이달용李達鎔·이재하李載夏·이덕재李德在·이택주李宅周·유인명柳寅明·홍순철洪淳哲·윤태익尹泰益 등과 3월 16일 월산교회에 모여 봉기할 시기와 방법을 결정하고 연락하던 중 발각되었다. 이때 이재하李載夏·이승보李承輔·이택하李澤夏 등이 일본경찰에 의해 검거되었다. 이날 밤 월산리·답내리 주민 200여 명이 고개넘어 마석우리 헌병주재소로 몰려가 검거된 인사 3명의 석방과 독립만세운동을 전개하였다.

이에 일본 헌병은 격화되어 가는 시위대의 기세를 꺾고자 무자비한 대응으로 맞섰고, 그 결과 다수의 사상자가 발생하는 참상으로 이어졌다. 당시 일본경찰의 발포로 이달용李達鎔·손복산孫福山·신영희申榮熙·유상규兪相奎·이교직李教稙 등은 그 자리에서 숨을 거두고, 이재혁李載赫·윤균尹均·강덕여姜德汝·윤정석尹丁石·원대현元大鉉 등은 중상을 입었다.

3월 19일 일본 경찰은 만세운동에 가담한 자를 체포하기 위하여

마석고개를 넘어왔는데 대다수 주민들은 피신을 하였으나 김필규金弼圭·강성원姜善遠·이승면李承冕·윤성준尹性俊·남궁우룡南宮又龍·김원석金元石·권은權憖·이윤원李允遠·강순필姜淳弼 등은 연행되어 수십 일간 고초를 겪었다.

김우동은 당시 만세시위가 계획될 때 여러 동지들과 함께 적극적으로 참여했던 것으로 보인다.

❖ 참고문헌

독립운동사편찬위원회,『독립운동사』2, 1971.

양주문화원,『양주군지』, 1978.

양주문화원,『양주군지』하, 1992.

김원석 金元石 (생몰년 미상)

화도면(현 화도읍) 출신으로, 일제시기 독립운동가이다.

1907년 선교사에 의해 월산교회가 세워지면서 월산교회에서는 배인학당을 세워 학생들에게 교육을 가르치고 있었다. 이때 김필규金弼圭는 교회와 학교의 지도자로서 이인하李麟夏·이택하李澤夏와 함께 서울에서의 3·1만세운동에 대한 소식을 듣고 마을의 지도자인 이달용李達鎔·이재하李載夏·이덕재李德在·이택주李宅周·유인명柳寅明·홍순철洪淳哲·윤태익尹泰益 등과 3월 16일 월산교회에 모여 봉기할 시기와 방법을 결정하고 연락하던 중 발각되었다. 이때 이재하李載夏·이승보李承輔·이택하李澤夏 등이 일본경찰에 의해 검거되었다. 이날 밤 월산리·답내리 주민 200여 명이 고개넘어 마석우리 헌병주재소로 몰려가 검거된 인사 3명의 석방과 독립만세운동을 전개하였다.

이에 일본 헌병은 격화되어 가는 시위대의 기세를 꺾고자 무자비한 대응으로 맞섰고, 그 결과 다수의 사상자가 발생하는 참상으로 이어졌다. 당시 일본경찰의 발포로 이달용李達鎔·손복산孫福山·신영희申榮熙·유상규兪相奎·이교직李敎稙 등은 그 자리에서 숨을 거두고, 이재혁李載赫·윤균尹均·강덕여姜德汝·윤정석尹丁石·원대현元大鉉 등은 중상을 입었다.

3월 19일 일본 경찰은 만세운동에 가담한 자를 체포하기 위하여 마석고개를 넘어왔는데 대다수 주민들은 피신을 하였으나 김원석

金元石은 김필규金弼圭 · 강성원姜善遠 · 이승면李承冕 · 윤성준尹性俊 · 남궁우룡南宮又龍 · 권은權慇 · 이윤원李允遠 · 강순필姜淳弼 등과 연행되어 수개월간 옥고를 치렀다.

❖ 참고문헌

　　김정명, 『조선독립운동』 1권 분책, 원서방, 1967.
　　독립운동사편찬위원회, 『독립운동사』 2, 1971.
　　국가보훈처, 『독립유공자공훈록』 2, 1986.
　　양주문화원, 『양주군지』 하, 1992.
　　경기도사편찬위원회, 『경기도 항일독립운동사』, 1995.

김윤경 金允經 (1869.2.24~1945.1.6, 이명; 允經, 元京)

와부면 송촌리(현 조안면 송촌리) 출신으로, 일제시기 독립운동가이다. 농업에 종사했으며, 기독교인이다.

김윤경

김현모金顯模·이정성李正成·김정하金正夏 등은 3·1만세운동이 전국적으로 확산되자 거사일을 3월 14일로 정하고 동지들을 포섭하고, 만세운동에 필요한 선언서와 태극기를 인쇄하고 제작하였다. 거사당일 3월 14일 이들은 미리 준비한 독립선언서와 태극기를 군중들에게 배포하고 독립만세를 고창하였다.

이러한 만세 열기는 3월 15일까지 이어져, 김윤경은 와부면 일대 시위에 정일성鄭一成·이갑동李甲同·김덕여金德汝·김덕오金德五·오성준吳成俊·이정운李正雲·이건흥李建興 등과 함께 동참하였다. 이들과 함께 송촌리 일대에 집결한 시위군중을 선도하면서, 덕소리로 시위대를 이끌었다. 이곳에서 전태현全泰鉉·박경식朴景植 등 여러 동지들이 합류하였고, 다시 시위대와 함께 조안리로 향했다. 시위과정에서 일본 경찰과 잦은 충돌을 빚었고 폭력투쟁으로 발전했다. 이후 시위주도

혐의로 체포되어 1919년 4월 25일 경성지방법원에서 보안법 위반혐의로 8개월 형을 선고받고, 경성복심법원을 거쳐 1919년 7월 5일 고등법원에서 형이 확정됨에 따라 서대문 감옥에서 복역하고 이듬해 3월 석방되었다. 당시 재판기록에 대한 신상카드가 남아 있으며, 1996년 독립운동에 대한 공로를 인정받아 대통령표창을 추서받았다.

❖ 참고문헌

판결문(1919.4.25, 경성지방법원).
판결문(1919.5.31, 경성복심법원).
판결문(1919.7.5, 고등법원).
독립운동사편찬위원회, 『독립운동사』 2, 1971.
독립운동사편찬위원회, 『독립운동사자료집』 5, 1972.
국가보훈처, 『독립유공자공훈록』 2, 1986.
양주문화원, 『양주군지』 하, 1992.
국사편찬위원회, 『한민족독립운동사자료집』 별집 2, 1992.
경기도사편찬위원회, 『경기도 항일독립운동사』, 1995.
국가보훈처, 『독립유공자공훈록』 14, 2000.
경기도사편찬위원회, 『내고장 경기도의 인물』 1, 2005.

김정하金正夏(생몰년 미상)

와부면 송촌리(현 조안면 송촌리) 출신으로, 일제시기 독립운동가이다.

옛 배나무 용진부락인 송촌리에 3·1만세운동 소식이 전달되기는 당시 서울 경신학교敬新學校 3학년 학생인 이종호李鍾浩(1894~1970) 학생으로부터 3월 7일 서울에서의 손병희 등에 의한 조선독립의 선언 소식이 전달됨으로써 비롯되었다. 이때에 김정하金正夏는 이정성李正成·김춘경金春經·김현모金顯模 등과 같이 1914년 용진교회龍津教會가 주동이 되어 건립한 사립 경진학교敬進學校의 교사 그리고 교회청년들이 거사 준비에 착수하였으니 경진학교에서 태극기를 인쇄·제작하고 3월 14일 경진학교에 모여 거사일을 3월 15일로 결정하였다.

거사당일 3월 14일 이들은 미리 준비한 독립선언서와 태극기를 군중들에게 배포하고 독립만세를 고창하였다.

김정하는 시위를 주도했던 다른 동지들과는 달리 일본 경찰에 체포되지 않았다.

❖ 참고문헌

판결문(1919.4.25, 경성지방법원).
판결문(1919.5.31, 경성복심법원).

판결문(1919.7.5, 고등법원).

독립운동사편찬위원회, 『독립운동사』 2, 1971.

독립운동사편찬위원회, 『독립운동사자료집』 5, 1972.

국가보훈처, 『독립유공자공훈록』 2, 1986.

양주문화원, 『양주군지』 하, 1992.

경기도사편찬위원회, 『경기도 항일독립운동사』, 1995.

김철배金哲培(1892, 고종 29[1] ~?)

　미금면 지금리(현 지금동) 출신으로, 일제시기 독립운동가이다. 직업은 직조공이다.

　1919년 일제의 폭압에 전민족적으로 저항한 3·1운동이 연일 계속되는 가운데 3월 23일 서울시내와 동대문 밖 고양군 숭인면 용두리(현 동대문구 용두동) 일대에서 시위가 있었다. 김철배는 이 날 시위에 주도적으로 참여하다가 일본 경찰에 체포되었다. 5월 8일 경성지방법원에서 징역 6개월을 선고받고 공소하여, 7월 12일 경성복심법원에서 태형 90대에 처해졌다.

❖ 참고문헌

　독립운동사편찬위원회, 『독립운동사자료집』 5, 1972.
　국가보훈처, 『독립유공자공훈록』 2, 1986.
　양주문화원, 『양주군지』 하, 1992.
　경기도사편찬위원회, 『경기도 항일독립운동사』, 1995.

---

1) 양주문화원, 『양주군지』 하, 1992, 900쪽에 기록된 김철배의 생년은 1889년인데, 1919년 일제의 재판기록에 당 28세로 나타나 1892년으로 바로잡는다.

김춘경 金春經(1894.11.2~1952.9.3)

와부면 송촌리(현 조안면 송촌리) 출신으로, 일제시기 독립운동가이며,[1] 농업에 종사했고 기독교인이다.

옛 배나무 용진부락인 송촌리에 3·1만세운동 소식이 전달되기는 당시 서울 경신학교敬新學校 3학년 학생인 이종호李鍾浩(1894~1970) 학생으로부터 3월 7일 서울에서의 손병희 등에 의한 조선독립의 선언 소식이 전달됨으로써 비롯되었다. 이때에 김춘경金春經은 이정성李正成·김현모金顯模·김정하金正夏 등과 같이 1914년 용진교회龍津教會가 주동이 되어 건립한 사립 경진학교敬進學校의 교사 그리고 교회청년들이 거사 준비에 착수하였으니 경진학교에서 태극기를 인쇄·제작하고 3월 14일 경진학교에 모여 거사일을 3월 15일로 결정하였다.

이튿날 아침 김현모金顯模·이정성李正成 등과 함께 송촌리에 100여 명의 인근 동리 사람들을 집결시키는 한편, 역시 같은 마을사람인 김덕여金德汝·정일성鄭一成·이갑동李甲同·오성준吳成俊·김덕오金德五·이정운李正雲·김윤경金允京·이건흥李建興 등의 동지들도 규합했다. 이들과 함께 구한국 국기를 흔들고 조선독립만세를 부르면서 마을을 지나 덕소리로 시위대를 이끌었다. 행진 도중 전태현全

---

1) 김춘경의 이름이 독립운동사편찬위원회,『독립운동사』2, 1971, 146쪽에 이춘경으로 잘못 기재되어 있다. 이 자료를 그대로 인용한 연구성과, 예를 들어 경기도사편찬위원회,『경기도 항일독립운동사』, 1995, 445·1186쪽에도 김춘경이 이춘경으로 잘못 기록되어 있다.

泰鉉・김현유金鉉有・박경식朴景植・문광채文光彩・이내한李來漢・박수만朴壽萬 등의 동지가 합류하는 등 그 규모가 수백 명에 달할 정도였고 시위대의 기세는 꺾일 줄 몰랐다. 김춘경은 이들과 함께 다시 시위행렬을 조안리로 인도하는 등 와부면 일대 곳곳에서 만세운동을 주도적으로 이끌었다. 시위과정에서 일본 경찰과 충돌하여 헌병주재소를 습격하는 등 폭력적인 양상을 띠어가자, 일본 헌병의 발포로까지 이어졌다. 시위주도 혐의로 체포되어, 1919년 4월 25일

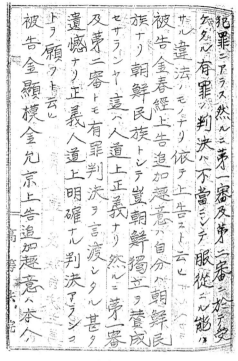

판결문 일부

경성지방법원에서 보안법 위반혐의로 1년 6개월 형을 선고받고, 경성복심법원을 거쳐 1919년 7월 5일 고등법원에서 형이 확정됨에 따라 복역하였다. 1968년 정부에서는 그 공을 기리어 대통령표창을 추서한데 이어 1990년에는 건국훈장 애족장으로 승급, 서훈하였다.

❖ 참고문헌

판결문(1919.4.25, 경성지방법원).
판결문(1919.5.31, 경성복심법원).

판결문(1919.7.5, 고등법원).

독립운동사편찬위원회, 『독립운동사』 2, 1971.

독립운동사편찬위원회, 『독립운동사자료집』 5, 1972.

경기도 교육위원회, 『우리고장 독립운동공훈사』, 1978.

국가보훈처, 『독립유공자공훈록』 2, 1986.

양주문화원, 『양주군지』 하, 1992.

경기도사편찬위원회, 『경기도 항일독립운동사』, 1995.

경기도사편찬위원회, 『내고장 경기도의 인물』 1, 2005.

김필규金弼圭(생몰년 미상)

화도면(현 화도읍) 출신으로, 일제시기 독립운동가이며, 직업은 목사이다.

1907년 선교사에 의해 월산교회가 세워지면서 월산교회에서는 배인학당을 세워 학생들에게 교육을 가르치고 있었다. 이때 김필규金弼圭는 교회와 학교의 지도자로서 이인하李麟夏 · 이택하李澤夏와 함께 서울에서의 3·1만세운동에 대한 소식을 듣고 마을의 지도자인 이달용李達鎔 · 이재하李載夏 · 이덕재李德在 · 이택주李宅周 · 유인명柳寅明 · 홍순철洪淳哲 · 윤태익尹泰益 등과 3월 16일 월산교회에 모여 봉기할 시기와 방법을 결정하고 연락하던 중 발각되었다. 이때 이재하李載夏 · 이승보李承輔 · 이택하李澤夏 등이 일본경찰에 의해 검거되었다. 이날 밤 월산리 · 답내리 주민 200여 명이 고개넘어 마석우리 헌병주재소로 몰려가 검거된 인사 3명의 석방과 독립만세운동을 전개하였다.

이에 일본 헌병은 격화되어 가는 시위대의 기세를 꺾고자 무자비한 대응으로 맞섰고, 그 결과 다수의 사상자가 발생하는 참상으로 이어졌다. 당시 일본경찰의 발포로 이달용李達鎔 · 손복산孫福山 · 신영희申榮熙 · 유상규兪相奎 · 이교직李敎稙 등은 그 자리에서 숨을 거두고, 이재혁李載赫 · 윤균尹均 · 강덕여姜德汝 · 윤정석尹丁石 · 원대현元大鉉 등은 중상을 입었다.

3월 19일 일본 경찰은 만세운동에 가담한 자를 체포하기 위하여

화도 3·1만세운동기념 횃불시위 장면

마석고개를 넘어왔는데 대다수 주민들은 피신을 하였으나 김필규
金弼圭는 이승면李承冕·강선원姜善遠·윤성준尹性俊·남궁우룡南宮又龍·
김원석金元石·권은權慇·이윤원李允遠 등과 같이 검거되어 옥고를
치르던 중, 고문 후유증으로 감옥에서 숨을 거두었다.

❖ 참고문헌,

  김정명,『조선독립운동』1권 분책, 원서방, 1967.
  독립운동사편찬위원회,『독립운동사』2, 1971.
  국가보훈처,『독립유공자공훈록』2, 1986.
  양주문화원,『양주군지』하, 1992.
  경기도사편찬위원회,『경기도 항일독립운동사』, 1995.
  경기도사편찬위원회,『내고장 경기도의 인물』1, 2005.

김현모 金顯模 (1878.3.20~1938.2.17)

　와부면 송촌리(현 조안면 송촌리) 출신으로, 일제시기 독립운동가이다. 농업에 종사했으며 기독교인이다.

　옛 배나무 용진부락인 송촌리에 3·1운동 소식이 전달되기는 당시 서울 경신학교敬新學校 3학년 학생인 이종호李鍾浩(1894~1970) 학생으로부터 3월 7일 서울에서의 손병희 등에 의한 조선독립의 선언 소식이 전달됨으로써 비롯되었다. 이때에 김현모金顯模는 이정성李正成·김춘경金春經·김정하金正夏 등과 같이 1914년 용진교회龍津敎會가 주동이 되어 건립한 사립 경진학교敬進學校의 교사 그리고 교회청년들이 거사 준비에 착수하였으니 경진학교에서 태극기를 인쇄·제작하고 3월 14일 경진학교에 모여 거사일을 3월 15일로 결정하였다.

　이튿날 아침 김춘경金春經·이정성李正成 등과 함께 송촌리에 100여 명의 인근 동리 사람들을 집결시키는 한편, 역시 같은 마을사람인 김덕여金德汝·정일성鄭一成 등 8명의 동지들도 규합했다. 이들을 포함한 군중들과 함께 구한국 국기를 흔들고 조선독립만세를 부르면서 마을을 지나 덕소리로 향하였다. 행진 도중 다시 전태현全泰鉉·김현유金鉉有·박경식朴景植 등의 동지가 합류하는 등 그 규모가 수백 명에 달할 정도였고 시위대의 기세는 높아져만 갔다. 김현모는 이들과 함께 다시 시위행렬을 조안리로 인도하는 등 와부면 일대 곳곳에서 만세운동을 주도적으로 이끌었다. 시위과정에서 헌병주재소를 습격하는 등 폭력적인 양상을 띠어가자, 이를 저지하려는 일본 경찰과 충돌, 일본 헌병의 발포로까지 이어졌다. 시위주도 혐의로 체포되어, 1919년 4월 25일 경성지방법원에서 보안법 위반 혐의로 1년 6개월 형을 선고받고, 경성복심법원을 거쳐 1919년 7월 5일 고등법원에서 형이 확정됨에 따라 복역하였다. 정부에서는 그 공을 기려 1982년 대통령표창을 추서하고, 1990년 건국훈장 애족장을 더했다.

❖ 참고문헌

판결문(1919.4.25, 경성지방법원).
판결문(1919.5.31, 경성복심법원).
판결문(1919.7.5, 고등법원).
독립운동사편찬위원회, 『독립운동사』 2, 1971.
독립운동사편찬위원회, 『독립운동사자료집』 5, 1972.
국가보훈처, 『독립유공자공훈록』 2, 1986.
양주문화원, 『양주군지』 하, 1992.
경기도사편찬위원회, 『경기도 항일독립운동사』, 1995.
경기도사편찬위원회, 『내고장 경기도의 인물』 1, 2005.

김현유金鉉有(1881, 고종 18~?)

와부면 송촌리(현 조안면 송촌리) 출신으로, 일제시기 독립운동가이며, 농업에 종사했다.

와부면 일대의 만세시위는 이정성李正成·김춘경金春經·김현모金顯模 등의 주도로 1919년 3월 15일에 일어났다. 이들은 당일 송촌리 일대에 마을주민들을 집결시키는 한편, 시위대를 선도할 여러 동지들을 규합했다. 시위대는 순식간에 수백 명으로 불어났고, 다시 덕소리로 향했는데 이 과정에서 김현유는 전태현全泰鉉·박경식朴景植·문광채

김현유

文光彩·이내안李乃安·박수만朴壽萬 등과 함께 시위에 적극 가담하면서 이들과 함께 조안리 방향으로 시위대를 이끌었다. 평화적인 만세시위가 점차 헌병주재소를 습격하는 등 폭력적인 양상을 띠어가자, 일본 헌병의 발포로까지 이어졌다. 김현유는 체포되어 1919년 4월 25일 경성지방법원에서 보안법 위반혐의로 8개월 형을 선고받았다. 그 후 경성복심법원을 거쳐 1919년 7월 5일 고등법원에서 형이 확정됨에 따라 서대문감옥에서 복역하고 이듬해 석방되었

다. 당시 재판기록에 대한 신상카드가 남아 있다.

❖ 참고문헌

판결문(1919.4.25, 경성지방법원).
판결문(1919.5.31, 경성복심법원).
판결문(1919.7.5, 고등법원).
독립운동사편찬위원회, 『독립운동사』 2, 1971.
독립운동사편찬위원회, 『독립운동사자료집』 5, 1972.
국가보훈처, 『독립유공자공훈록』 2, 1986.
양주문화원, 『양주군지』 하, 1992.
국사편찬위원회, 『한민족독립운동사자료집』 별집 3, 1992.
경기도사편찬위원회, 『경기도 항일독립운동사』, 1995.
경기도사편찬위원회, 『내고장 경기도의 인물』 1, 2005.

나상규羅相奎(생몰년 미상)

　진건면 오남리(현 오남면 오남리) 출신으로, 일제시기 독립운동가
이다.

　1919년 3월 전국 방방곡곡에서 3·1운동이 전개되자, 진건면 오
남리에서 3월 29일 같은 마을에 거주하는 손삼남孫三男·엄본성嚴本
成·이종갑李鍾甲·여원필呂元弼·한백석韓白石 등과 함께 수십 명의
시위대를 이끌고 만세운동을 전개하였다.

❖ 참고문헌

　독립운동사편찬위원회, 『독립운동사』 2, 1971.
　국가보훈처, 『독립유공자공훈록』 2, 1986.
　양주문화원, 『양주군지』 하, 1992.
　경기도사편찬위원회, 『경기도 항일독립운동사』, 1995.

남궁우룡南宮又龍(생몰년 미상)

화도면(현 화도읍) 출신으로, 일제시기 독립운동가이다.

1907년 선교사에 의해 월산교회가 세워지면서 월산교회에서는 배인학당을 세워 학생들에게 교육을 가르치고 있었다. 이때 김필규金弼圭는 교회와 학교의 지도자로서 이인하李麟夏·이택하李澤夏와 함께 서울에서의 3·1만세운동에 대한 소식을 듣고 마을의 지도자인 이달용李達鎔·이재하李載夏·이덕재李德在·이택주李宅周·유인명柳寅明·홍순철洪淳哲·윤태익尹泰益 등과 3월 16일 월산교회에 모여 봉기할 시기와 방법을 결정하고 연락하던 중 발각되었다. 이때 이재하李載夏·이승보李承輔·이택하李澤夏 등이 일본경찰에 의해 검거되었다. 이날 밤 월산리·답내리 주민 200여 명이 고개넘어 마석우리 헌병주재소로 몰려가 검거된 인사 3명의 석방과 독립만세운동을 전개하였다.

이에 일본 헌병은 격화되어 가는 시위대의 기세를 꺾고자 무자비한 대응으로 맞섰고, 그 결과 다수의 사상자가 발생하는 참상으로 이어졌다. 당시 일본경찰의 발포로 이달용李達鎔·손복산孫福山·신영희申榮熙·유상규兪相奎·이교직李敎植 등은 그 자리에서 숨을 거두고, 이재혁李載赫·윤균尹均·강덕여姜德汝·윤정석尹丁石·원대현元大鉉 등은 중상을 입었다.

3월 19일 일본 경찰은 만세운동에 가담한 자를 체포하기 위하여 마석고개를 넘어왔는데 대다수 주민들은 피신을 하였으나 남궁우

룡南宮又龍은 김필규金弼圭·이승면李承冕·강선원姜善遠·윤성준尹性俊·
김원석金元石·권은權憖·이윤원李允遠 등의 동지들과 함께 연행되어
혹독한 고문을 받는 등 심한 고초를 겪었다.

❖ 참고문헌

김정명, 『조선독립운동』 1권 분책, 원서방, 1967.
독립운동사편찬위원회, 『독립운동사』 2, 1971.
국가보훈처, 『독립유공자공훈록』 2, 1986.
양주문화원, 『양주군지』 하, 1992.
경기도사편찬위원회, 『경기도 항일독립운동사』, 1995.

남상갑南相甲(1924.2.15~?)

별내면 출신으로, 일제시기 독립운동가이다.

일찍이 10대 중반을 갓 넘긴 중학교 시절부터 학생운동에 관심을 나타냈다. 특히 중앙중학교 재학중이던 1939년, 경복중학교 4년생인 이현상李鉉相을 중심으로 경성사범학교 학생인 김성근金盛槿·이경춘李慶春 등과 함께 당시 명망 인사들인 한용운韓龍雲·안재홍安在鴻·여운형呂運亨 등에게 감화를 받아 민족의식으로 무장하고 조국광복을 위해 젊음을 희생하기로 결의한 바 있었다. 이들과 함께 항일운동조직의 결성문제에 대해 관심을 갖는 한편 학업에 정진하여 1941년 세브란스의전에 진학할 수 있었다. 뜻을 같이한 동지 중에서 진학하지 못한 이들도 있었으나, 연희延禧전문·보성普成전문·경성광산京城鑛山전문학교 등에 진학한 이들도 있었다.

그 후 동지들과의 모임을 더욱 자주 열고, 1941년 가을 서울 봉래동(현 만리동) 소재 주낙원朱樂元의 집에서 이현상李鉉相·장의찬張宜燦·성익환成益煥·명의택明義宅·홍건표洪建杓·최고崔杲 등과 함께 조국독립을 위해 목숨을 바칠 것, 절대 비밀, 책임완수를 기본강령으로 하는 흑백당黑白黨을 결성하였다. 여기서 '흑黑'은 노예상태인 암흑을 의미하고, '백白'은 희망과 자유를 상징하는 것으로 일제의 탄압이 날로 더하는 암흑 같은 상황 속에서 자유를 찾을 때까지 투쟁한다는 의미였다. 이때 채택된 선언문의 요지는 다음과 같다.

    삼천리 금수강산에 단군의 후손으로 태어난 우리들은 조국이
악독한 일제의 잔인무도한 질곡 속에서 빈사지경에 이른 현실
을 차마 눈뜨고 볼 수 없어 여기 조국과 민족을 구하고자 흑백
당을 조직한다.
    우리는 조국이 광복을 되찾는 그 날까지 몸과 마음을 다 바
쳐 모든 방법을 다하여 일제와 투쟁할 것을 삼천만 동포 앞에
엄숙히 선언한다.

이와 함께 다음과 같은 내용의 강령도 마련하였다.

    ① 본 당원은 조국광복을 위해 신명身命을 바칠 것을 맹세한다.
    ② 본 당원은 본 당의 조직 · 이념 · 행동에 관한 사항을 절대 비
      밀로 한다.
    ③ 본 당원은 자기의 맡은 바 책임을 전력을 다해 완수한다.

    각 부서 명단으로 고문에 한용운 · 안재홍 · 김성수金性洙, 대표
이현상, 부대표 장의찬, 섭외 · 조직책 주낙원 · 성익환, 행동책 명
의택 · 홍건표, 그리고 자신은 최고와 함께 자금책에 선출되었다.
또한 처단할 친일파의 명단을 작성하였으며, 일본인 고관高官과 거
상巨商들이 밀집해 있는 욱정旭町(현 남산동 일대)을 방화하여 민족정
신을 천하에 드러낼 것을 결의하였다. 또한 일제의 패망과 조국해
방이 가까워졌다는 것을 알리고, 민족의 각성과 학병거부를 촉구
하는 내용의 격문을 각처에 살포할 계획을 수립하였다. 당시 최고
동지와 함께 문안작성을 맡아 임무를 수행한 바 있다. 한편 흑백당
은 친일파 처단에 필요한 무기를 확보하기 위하여 특공대를 조직
하였고, 경복중학교 무기고에서 교련용 38식 소총 두 자루와 실탄,
그리고 총검을 빼내기도 하였다.
    그러던 중 흑백당 동조자인 보성전문학교생 김창흠金昌欽이 1943년

10월 귀향 도중 열차 안에서 우리말로 일제를 욕하다 일본 경찰에 체포되어 가택수색을 당하였다. 이때 흑백당에 관한 문서가 발각됨으로써 흑백당 조직이 일본 경찰에 알려지게 됨과 동시에 당원들 모두가 수배를 받는 처지에 놓였다. 이에 당원들은 긴급회합을 갖고 국내를 탈출하여 중국으로 가서 광복군에 투신하기로 의견을 모으고, 일단 당원 김성근金盛槿의 매형이 있는 만주 신민新民에 집결하기로 하였다. 1943년 12월 초부터 2~3명이 조를 이루어 출발하였는데, 남상갑은 국내에 남아 활동을 계속하기로 하였다. 한편 당원들은 국내 탈출 사실을 감지한 일본 경찰의 추격에 의해 선발대원들이 1944년 1·2월경 만주에서 전원 체포되었고, 이어 남상갑도 일제의 검거망에서 벗어날 수 없었다. 이 사건은 일제의 엄중한 보도통제로 일반인들에게 알려지지는 않았지만 친일파와 일인고관 살해를 목적으로 한 학생들의 비밀결사체로서, 일제의 간담을 서늘하게 만들기에 충분한 것이었다.

경기도 경찰부 외사과에서 모진 고문을 당한 후 대전지방법원에서 체포된 흑백당 관련자 전원과 함께 재판을 받았다. 1944년 12월 치안유지법 위반으로 최고崔杲·전희주全熙鑄·김성근金盛槿 등과 함께 징역 5년 형을 언도받고 복역중이던 1945년 8월 광복을 맞이하여 감옥에서 나왔다. 정부에서는 1977년[1] 대통령표창에 이어 1990년에는 건국훈장 애족장을 추서하여 그 공로를 높이 평가하였다.

❖ 참고문헌

「남기고 싶은 이야기들」, 중앙일보(1974.8.23).
정세현, 『항일학생민족운동사연구』, 일지사, 1975.
독립운동사편찬위원회, 『독립운동사』 9, 1977.

---

1) 양주문화원, 『양주군지』 하, 1992, 903~904쪽에는 1983년으로 기록되어 있다.

독립운동사편찬위원회, 『독립운동사자료집』 13, 1977.
국가보훈처, 『독립유공자공훈록』 6, 1988.
양주문화원, 『양주군지』 하, 1992.
경기도사편찬위원회, 『경기도 항일독립운동사』, 1995.

문광채文光彩(1861, 철종 12~1919.12.15)

와부면 송촌리(현 조안면 송촌리) 출신으로, 일제시기 독립운동가이며, 농업에 종사했다.

와부면 일대의 만세시위는 1919년 3월 15일 이정성李正成·김춘경金春經·김현모金顯模 등의 주도로 이루어졌다. 이들은 당일 송촌리 일대에 마을주민들을 집결시키는 한편, 시위에 적극 가담할 여러 동지들을 규합해갔다. 문광채는 전태현全泰鉉·김현유金鉉有·박경식朴景植·이내안李乃安·박수만朴壽萬 등과 함께 시위에 적극 가담했다. 문광채文光彩는 여러 동지들과 함께 조안리 방향으로 시위대를 이끄는 등 주도적으로 만세운동에 참여하였다. 기세가 오른 시위대는 헌병주재소를 습격하는 등 폭력적인 양상을 보였고, 이에 일본 헌병은 발포로 대응하는 등 치열한 접전을 벌였다. 이후 체포되어 1919년 4월 25일 경성지방법원에서 보안법 위반혐의로 8개월 형을 선고받고, 경성복심법원을 거쳐 1919년 7월 5일 고등법원에서 형이 확정됨에 따라 복역하던 중, 옥고를 치르다가 옥중 순국하였다. 정부는 그 공로를 인정하여 1990년 8월 15일 건국훈장 애족장을 추서하였다.

❖ 참고문헌

판결문(1919.4.25, 경성지방법원).

판결문(1919.5.31, 경성복심법원).

판결문(1919.7.5, 고등법원).

독립운동사편찬위원회, 『독립운동사』 2, 1971.

독립운동사편찬위원회, 『독립운동사자료집』 5, 1972.

국가보훈처, 『독립유공자공훈록』 2, 1986.

국가보훈처, 『독립유공자공훈록』 9, 1991.

양주문화원, 『양주군지』 하, 1992.

경기도사편찬위원회, 『경기도 항일독립운동사』, 1995.

경기도사편찬위원회, 『내고장 경기도의 인물』 1, 2005.

문익환 文益煥(1918~1994)

　　만주 북간도 명동明洞에서 아버지 문재린文在麟과 어머니 김신묵 金信黙의 장남으로 출생하였다. 호는 늦봄. 목사로서 통일운동의 선 구자이다.

　　1932년 숭실학교 재학 중 신사참배 거부로 중퇴하고 1938년 일 본신학교에 입학하였으나 1943년 학병입대를 거부하고 만주 봉천 신학교로 전학하였다. 다음해 박용길朴容吉과 결혼하였다. 1947년 한국신학교를 졸업하고 목사가 되었다. 1949년 미국 프린스턴 신 학교에 유학중 한국전쟁이 일어나 판문점과 동경 UN사령부에서 근무하기도 하였다. 1954년 신학 석사학위를 취득하고 귀국하여

문익환

모교인 한국신학대학과 연세대학교에서 구약학舊約學을 강의하였다. 1965년 미국 유니온 신학교에서 약 1년간 연구하고 돌아와 1968년부터 1976년까지 신구교 공동구약 번역책임위원으로 일하다가 군사독재에 항거하여 3·1 민주구국선언을 시작으로 첫 번째 투옥, 22개월 만에 풀려났다. 1978년 유신헌법 반대투쟁으로 15개월 투옥, 1980년 내란음모죄로 31개월 옥살이를 하였다. 1983년 갈릴리교회 담임목사로 봉직, 1985년 민주통일민중운동연합 의장으로서 같은 해 5월 소위 5·3인천항쟁을 주도하여 26개월 투옥되기도 하였다. 1989년 3월 25일 북한을 방문하여 김일성 주석과 두 차례의 회담을 하고 3단계 통일방안 원칙에 합의하고 돌아와 국가보안법 위반으로 체포되어 19개월간 투옥되었다. 1991년 조국통일범민족연합 남측본부 결성준비위원장을 맡았다. 이때 검찰은 형집행정지를 취소하고 다시 수감, 21개월 만에 출옥하였다. 1992년에는 문익환의 민주화운동과 통일운동이 인정되어 노벨평화상 후보에 추천되기도 하였다. 1993년 통일맞이 7천만겨레모임을 주도하다가 파란만장한 일생을 마쳤다. 문익환은 독재 반대투쟁, 조국통일운동 등으로 여섯 번 투옥되어 11년 2개월이라는 긴 세월의 옥고를 치름으로써 현대 우리나라의 대표적인 민족주의자로 평가받는 인물이다. 저서로는 『가슴으로 만난 평양』·『예수와 묵자』·『걸어서라도 갈테야』 등 많은 저술과 옥중서신이 전한다. 묘는 화도읍 모란공원묘역에 있다.

❖ 참고문헌

전민련조국통일위원회편, 『나는 왜 평양에 갔나』, 나눔기획, 1989.
강월룡, 『빈들에서』, 대화출판사, 1993.
문익환, 『문익환 전집』, 사계절, 1999.
김남일, 『통일할아버지 문익환』, 사계절, 2002.

민형식閔衡植(1875, 고종 12~1947)

조선 말기의 문신. 본관은 여흥驪興. 자는 공윤公允 호는 우하又荷.
민씨 척족정권의 대표적 인물인 민영준閔泳駿(뒤에 영휘泳徽로 개명)
의 양자로 입적하였다. 1891년 정시문과에 병과로 급제한 뒤 진주
및 평안도 관찰사를 역임하고, 1904년 일본을 시찰하고 귀국한 뒤
법무협판에 임명되었다. 1907년 학부협판으로 재직할 때 나인영羅
寅永·오기호吳基鎬 등의 을사오적 암살계획에 찬동하여 1만 4천
냥을 희사하였다. 이 사실이 발각되어 황주黃州 철도鐵島에 유배되
었으나 곧 특사로 풀려났다. 그 뒤 신민회新民會의 회원이 되어 반
일운동에 가담,『조양보朝陽報』의 발행자금과 각종 학회 및 학교에
기부금을 희사하는 등 민족운동을 지원하였다. 묘역은 명우리에
있다.

❖ 참고문헌

최영희,「한말관인의 경제 일반」,『역사연구』21, 1969.

박경식 朴景植(1882, 고종 19~?)

와부면 송촌리(현 조안면 송촌리) 출신으로, 일제시기 독립운동가이며, 농업에 종사했다.

와부면 일대의 만세시위는 이정성李正成·김춘경金春經·김현모金顯模 등의 주도로 1919년 3월 15일 송촌리 일대에서 먼저 시작되었다. 당일 송촌리 일대에 마을주민들이 속속 모이는 가운데 시위를 선도할 여러 동지들도 계속 합류하였다. 시위대는 순식간에 수백 명으로 불어났고, 다시 덕소리로 향했는데 이 과정에서 박경식은 전태

박경식

현全泰鉉·김현유金鉉有·문광채文光彩·이내안李乃安·박수만朴壽萬 등과 함께 시위에 적극 가담했다. 이들과 함께 조안리 방향으로 시위대를 이끄는 등 주도적으로 만세운동에 참여하였다. 평화적인 만세시위가 점차 헌병주재소를 습격하는 등 폭력적인 양상을 띠어가자, 일본 헌병의 발포로까지 이어졌다. 체포되어 1919년 4월 25일 경성지방법원에서 보안법 위반혐의로 8개월 형을 선고받았다. 이후 경성복심법원을 거쳐 7월 5일 고등법원에서 형이 확정됨에 따라 서

판결문 요약

대문감옥에서 복역하고 이듬해 석방되었다. 당시 재판 기록에 대한 신상카드가 남아 있다.

❖ **참고문헌**

판결문(1919.4.25, 경성지방법원).
판결문(1919.5.31, 경성복심법원).
판결문(1919.7.5, 고등법원).
독립운동사편찬위원회, 『독립운동사』 2, 1971.
독립운동사편찬위원회, 『독립운동사자료집』 5, 1972.
국가보훈처, 『독립유공자공훈록』 2, 1986.
양주문화원, 『양주군지』 하, 1992.
국사편찬위원회, 『한민족독립사자료집』 별집 3, 1992.
경기도사편찬위원회, 『경기도 항일독립운동사』, 1995.

박석몽朴石夢(1863, 철종 14~?)

진접면(현 진접읍) 부평리 출신으로, 일제시기 독립운동가이며, 농업에 종사했다.

1919년 3월 29일 밤, 부평리와 주변 마을 일대에 "거주하는 동리의 주민 일동이 모여 광릉천 강가에서 독립만세를 부르자"는 내용이 담긴 격문이 광범위하게 살포되었다. 격문을 받아 본 마을주민 이재일李載日이 29일 밤에서 30일 사이에 주민 일부와 함께 광릉천 일대의 시위계획을 세웠는데, 박석몽은 이에 적극적으로 동조한 주도자 중 한 명이었다. 3월 31일 시위를 결정한 이재일李載日·최영갑崔永甲·최대봉崔大奉·양삼돌梁三乭·유희상柳熙庠·이흥록李興錄·최대복崔大福 등과 함께 당일 광릉천에 모인 6백여 명의 주민을 선도하고 독립만세를 부르며 기세를 올렸으나, 시위대는 출동한 일본 헌병에 의해 해산당했다. 박석몽은 이후 체포되어 1919년 5월 징역 6개월을 선고받았으며, 공소하여 6월 19일 경성복심법원에서 태형 90대를 선고받았다.

❖ 참고문헌

김정명, 『조선독립운동』 1권 분책, 원서방, 1967.
독립운동사편찬위원회, 『독립운동사』 2, 1971.
독립운동사편찬위원회, 『독립운동사자료집』 5, 1972.

국가보훈처, 『독립유공자공훈록』 2, 1986.
양주문화원, 『양주군지』 하, 1992.
경기도사편찬위원회, 『경기도 항일독립운동사』, 1995.

박수만朴壽萬 (1897.1.4~1980.8.12)

와부면 송촌리(현 조안면 송촌리) 출신으로, 일제시기 독립운동가이며, 농업에 종사했고 기독교인이다.

와부면 일대의 만세시위는 1919년 3월 15일 이정성李正成·김춘경金春經·김현모金顯模 등의 주도로 송촌리 일대에서 먼저 시작되었다. 당일 송촌리 일대에 시위 군중이 몰려들었고 이들을 선도할 많은 동지들도 속속 규합되었다. 순식간에 시위대는 수백 명으로 불어났고 기세를 모아 덕소리로 향했는데, 박수만은 이 과정에서 전태현全泰鉉·김현유金鉉有·박경식朴景植·문광채文光彩·이내안李乃安 등과 함께 시위에 적극 가담했다. 그리고 여러 동지들과 함께 조안리 방향으로 시위대를 이끄는 등 주도적으로 만세운동에 참여하였다. 기세가 오른 시위대는 헌병주재소를 습격하는 등 폭력적인 양상을 보였고, 이에 일본 헌병은 발포까지 하면서 시위대를 강제로 해산하였다. 박수만은 체포되어 1919년 4월 25일 경성지방법원에서 보안법 위반혐의로 8개월 형을 선고받고, 경성복심법원을 거쳐 1919년 7월 5일 고등법원에서 형이 확정됨에 따라 복역하였다.

정부에서는 그 공을 기려 1992년 4월 13일 대통령표창을 추서하였다.

❖ 참고문헌

판결문(1919.4.25, 경성지방법원).
판결문(1919.5.31, 경성복심법원).
판결문(1919.7.5, 고등법원).
독립운동사편찬위원회, 『독립운동사』 2, 1971.
독립운동사편찬위원회, 『독립운동사자료집』 5, 1972.
국가보훈처, 『독립유공자공훈록』 2, 1986.
양주문화원, 『양주군지』 하, 1992.
국가보훈처, 『독립유공자공훈록』 10, 1993.
경기도사편찬위원회, 『경기도 항일독립운동사』, 1995.
경기도사편찬위원회, 『내고장 경기도의 인물』 1, 2005.

박순근朴順根(1873, 고종 10~?)

상도면(현 화도읍) 출신으로, 한말 의병이다. 당시 양주군을 주요 무대로 삼아 활발한 의병활동을 전개하였다.

1907년 9월 양주군 일대를 중심으로 인근 가평加平·고양高陽·파주坡州 지역에서 200여 명의 의병부대를 지휘하면서 활발한 항일운동을 펼쳤다. 당시 휘하의 의병부대는 양총으로 무장한 정도로 조직적인 면모를 갖추고 있었다. 일시 세력이 약해지면서 의병부대를 해산한 적도 있으나, 1908년 가을 다시 봉기하여 양주 일대에서 활동을 재개하였다. 특히 의병부대 유지를 위한 군자금 확보투쟁에 여러 차례 나섰다. 이 해 9월에 부하 1명과 함께 양주군 미음면 조운리(현 가운동) 일대에서 군자금 10원을 확보하고, 9월 30일에는 부하 2명과 함께 다시 미음면 일대에서 군자금 10원을 확보하는 성과를 얻었다. 이 밖에 10월에는 부하 의병 김덕현金德鉉·구낙서具洛書 등과 함께 서울 동소문 밖 화계사華溪寺에서, 1909년 음력 1월에는 김석화金錫華 등 18명의 부하와 함께 가평군 외서면 비금리에서 군자금 확보투쟁을 벌인 적도 있었다. 그 후 체포되어 소지하고 있던 화승총 3정과 엽총 1정을 몰수당했고, 1909년 12월 3일 경성지방재판소에서 징역 5년을 선고받고 복역하였다.

❖ 참고문헌

독립운동사편찬위원회, 『독립운동사자료집』 별집 1, 1971.

국가보훈처, 『독립유공자공훈록』 1, 1986.

양주문화원, 『양주군지』 하, 1992.

경기도사편찬위원회, 『경기도 항일독립운동사』, 1995.

손복산孫福山(1889, 고종 26~1919)

  화도면(현 화도읍) 출신으로, 일제시기 독립운동가이다.

  1907년 선교사에 의해 월산교회가 세워지면서 월산교회에서는 배인학당을 세워 학생들에게 교육을 가르치고 있었다. 이때 김필규金弼圭는 교회와 학교의 지도자로서 이인하李麟夏·이택하李澤夏와 함께 서울에서의 3·1만세운동에 대한 소식을 듣고 마을의 지도자인 이달용李達鎔·이재하李載夏·이덕재李德在·이택주李宅周·유인명柳寅明·홍순철洪淳哲·윤태익尹泰益 등과 3월 16일 월산교회에 모여 봉기할 시기와 방법을 결정하고 연락하던 중 발각되었다. 이때 이재하李載夏·이승보李承輔·이택하李澤夏 등이 일본경찰에 의해 검거되었다. 이날 밤 월산리·답내리 주민 200여 명이 고개넘어 마석우리 헌병주재소로 몰려가 검거된 인사 3명의 석방과 독립만세운동을 전개하였다.

  이에 일본 헌병은 격화되어 가는 시위대의 기세를 꺾고자 무자비한 대응으로 맞섰고, 그 결과 다수의 사상자가 발생하는 참상으로 이어졌다. 이때 일본 헌병의 발포로 현장에서 손복산은 이달용李達鎔·신영희申榮熙·유상규兪相奎·이교직李敎稙 등의 동지와 함께 순국하였다. 정부에서는 그 공을 기리어 1977년 대통령표창을 추서하였고, 이어 1991년 건국훈장 애국장으로 추가·포상하였다.

❖ 참고문헌

김정명, 『조선독립운동』 1권 분책, 원서방, 1967.

독립운동사편찬위원회, 『독립운동사』 2, 1971.

양주문화원, 『양주군지』, 1978.

국가보훈처, 『독립유공자공훈록』 2, 1986.

양주문화원, 『양주군지』 하, 1992.

경기도사편찬위원회, 『경기도 항일독립운동사』, 1995.

경기도사편찬위원회, 『내고장 경기도의 인물』 2, 2005.

손삼남孫三男(생몰년 미상)

    진건면 오남리(현 오남면 오남리) 출신으로, 일제시기 독립운동가이다.

    1919년 3월 1일 이후 전국 방방곡곡에서 만세운동이 확산되는 가운데, 진건면 오남리에서도 3월 29일 손산남은 한 동네 사람들인 나상규羅相奎·엄본성嚴本成·이종갑李鍾甲·여원필呂元弼·한백석韓白石 등과 함께 수십 명으로 구성된 시위대를 이끌고 독립만세를 불렀다.

❖ 참고문헌

    독립운동사편찬위원회, 『독립운동사』 2, 1971.
    국가보훈처, 『독립유공자공훈록』 2, 1986.
    양주문화원, 『양주군지』 하, 1992.
    경기도사편찬위원회, 『경기도 항일독립운동사』, 1995.

신영희 申榮熙(1891, 고종 28～1919)

포천군 출신으로, 일제시기 독립운동가이다. 이명은 신명희申明熙로 3·1운동 당시 화도면에 거주했던 것으로 보인다.

1907년 선교사에 의해 월산교회가 세워지면서 월산교회에서는 배인학당을 세워 학생들에게 교육을 가르치고 있었다. 이때 김필규金弼圭는 교회와 학교의 지도자로서 이인하李麟夏·이택하李澤夏와 함께 서울에서의 3·1만세운동에 대한 소식을 듣고 마을의 지도자인 이달용李達鎔·이재하李載夏·이덕재李德在·이택주李宅周·유인명柳寅明·홍순철洪淳哲·윤태익尹泰益 등과 3월 16일 월산교회에 모여 봉기할 시기와 방법을 결정하고 연락하던 중 발각되었다. 이때 이재하李載夏·이승보李承輔·이택하李澤夏 등이 일본경찰에 의해 검거되었다. 이날 밤 월산리·답내리 주민 200여 명이 고개넘어 마석우리 헌병주재소로 몰려가 검거된 인사 3명의 석방과 독립만세운동을 전개하였다.

이에 일본 헌병은 격화되어 가는 시위대의 기세를 꺾고자 무자비한 대응으로 맞섰고, 그 결과 다수의 사상자가 발생하는 참상으로 이어졌다. 신영희申榮熙는 이때 일본 헌병의 발포로 현장에서 이달용李達鎔·손복산孫福山·유상규兪相奎·이교직李敎稙 등의 동지와 함께 순국하였다. 이 외에도 많은 부상자가 발생하였다. 정부에서는 그 공을 기리어 1977년 대통령포창을 추서한데 이어 1991년 건국훈장 애국장을 더했다.

❖ 참고문헌

김정명, 『조선독립운동』 1권 분책, 원서방, 1967.

양주문화원, 『양주군지』, 1978.

국가보훈처, 『독립유공자공훈록』 2, 1986.

양주문화원, 『양주군지』 하, 1992.

경기도사편찬위원회, 『경기도 항일독립운동사』, 1995.

경기도사편찬위원회, 『내고장 경기도의 인물』 2, 2005.

안재덕安載德(1873~1942)

남양주 사람이다.

미주지역에서 합성협회合成協會, 대한인국민회大韓人國民會 등의 단체를 이끌며 독립운동을 전개하였다.

안재덕은 1907년 하와이 목골리아목장 합성협회에서 활동하였고, 그 후 대한인국민회에서 1913년까지 학무원, 회장 등을 역임하며 독립운동을 이끌었다.

대한인국민회는 1909년 공립협회共立協會와 합성협회合成協會가 발전적으로 통합한 국민회國民會가 1910년 5월 대동보국회大同保國會를 흡수함으로써 탄생한 미주 한인사회의 대표적인 독립운동단체였다.

3·1운동과 더불어 중국 상해에서 대한민국임시정부가 성립하자, 그는 하와이 한인사회를 중심으로 독립운동자금 모집에 힘을 기울였다.

그 후 안재덕은 1923년 국내에서 해외동포들에게 보낸 경고서를 미주 지역 각 한인사회에 배포하고 민족의식의 고취와 민족대동단결을 주장하면서 항일활동을 전개하였다.

정부에서는 고인의 공훈을 기리어 1998년 건국포장을 추서하였다.

❖ 참고문헌

하와이 국민회 장부 및 회원명부(1907).

「桑港共立新報」(1907.6.30).

「新韓國報」(1999.6.15, 1910.8.2, 1910.12.21).

「國民報」(1913.10.8, 1914.12.7).

호항한인녀학원 재정보단 제14호(1916.12).

내지경고서에 대한 공동회 발기문(1923.3.13).

하와이국민회 부과금 인명록(1926).

국가보훈처, 『독립유공자공훈록』 14, 2000.

안재목安載穆(1867~?)

　죽산인竹山人, 자는 경문敬文. 화접리 식송마을에서 안시용安時容
의 셋째 아들로 태어났다. 1902년 12월 25일 겔릭호(Gaelic ; 첫 번째
하와이 이민배)를 타고 1903년 1월 13일 호노로루에 부인과 아들(3
세)과 함께 도착하였다. 안재덕安載德과 함께 목구레이아 사탕수수
수농장에서 일하면서 독립자금을 모금하여 조국광복운동에 이바
지하였다. 1930년 덕송리에 영구귀국하였으며 묘는 식송마을에
있다.

안재창 安載昌(1873~1963)

　죽산인竹山人으로 화접리 식송마을에서 안시용安時容의 넷째 아들로 태어났다. 조카 안창호安昌鎬의 권유로 형님인 안재극安載兢과 함께 1902년 12월 25일 출발 1903년 1월 13일 하와이 호노로루에 도착 이민생활이 시작되었다. 출국 때 재정보증인은 조카 안창호安昌鎬였다. 이민 후 3년간 하와이에 머물다가 1906년 미국본토로 옮겨 국채보상금 모집운동을 전개하였고 1909년 네브라스카주 링컨시에 정착하였다. 이때 박용만朴容萬이 세운 한인 소년병학교를 후원하였고 1909년에서 1914년까지 운영된 해외 최초의 무관학교(미국 장로교대학을 임대하여 이용)를 설립 운영하였다. 이때 졸업생으로 정한경, 김려식, 구영숙, 김용성 등 박사를 배출하였고, 또 백일규, 김현구, 유일한, 정양필, 정태은, 홍승국 등 많은 인재가 있다. 1914년 한인농업주식회사를 설립, 사장을 역임하기도 하였다. 1921년 정안상회鄭安會社를 설립 독립자금을 마련하여 독립투사 정형만鄭淳萬에게 전달하였다. 독립유공자 포상신청 중이다.

❖ 참고문헌

『신한민보』(1915.2.4).
김용원, 『재미한인50년사』, 1959.
『중앙일보』 미국판(1993.1.13).

안창호安昌鎬(1884~1969)

별내면 식송마을 출신으로, 독립운동가이자 목사. 본관은 죽산竹山으로 안재극安載克의 아들로 태어났다. 1919년 4월 전국적으로 3·1 운동의 열기가 확산되어 갈 때 충남 공주公州에서 만세시위를 주도하였다. 공주에 있는 기독교계인 영명학교永明學校의 김관회金寬會 등과 4월 1일 공주 장날을 기하여 만세시위에 대하여 모의하다가 발각되어 소위 보안법 및 출판법 위반 혐의로 체포되었다. 1919년 8월 29일 석방되었다. 1925년 하와이로 건너가 목사로 재직하며 독립운동을 앞장섰다. 1932년 5월 22일 교회당에 모인 40여 신도들은 상해 김구金九의 밀사로 온 현순玄楯 목사로부터 윤봉길尹奉吉의 홍구공원虹口公園 의거에 대한 전말을 듣고 후원회를 조직, 매년 12원圓씩 출연할 것을 결의하는 등 독립자금을 모금하고 임시정부에 전달하였다.

같은 해 하와이 지방에 조직되었던 애국단체 가입하여 1934년 4월 원동遠東의 특무공작 활동을 후원하였다. 1936년 김구로부터 애국휘호(李忠武公 詩) 두 폭을 받았다. 1993년 건국포장을 받았다. 묘는 별내면 식송마을에 있으며 묘비는 김종필의 찬을 이철경이 한국궁체로 써서 아름답다.

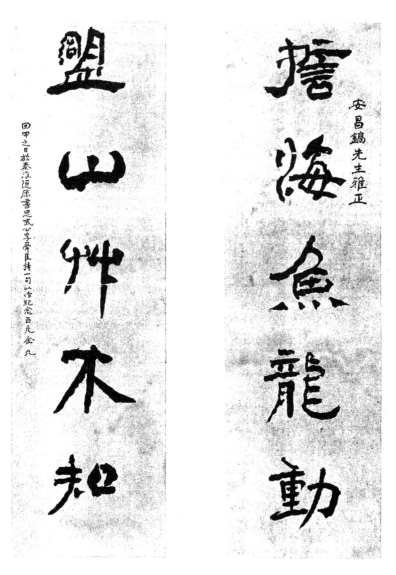

백범白凡 김구金九 서書(1936년 작), 독립기념관 소장
백범이 회갑回甲을 맞아 이충무공의 시詩를 중경中京
은신처에서 써서 하와이 안창호 목사에게 보낸 것이다.

1937년 한인 하와이 와이아와 감리교회 앞에서.
한국독립당 하와이총본부 간부들
(왼쪽부터 조병요, 김원용, 김치현, 김현구,
불명不明, 현도명, 안창호 목사, 임성우)

양삼돌梁三乭(1897, 광무 원년~?)

　　진접면(현 진접읍) 부평리 출신으로, 일제시기 독립운동가이다.

　　1919년 3월 29일 밤, 부평리와 주변 마을 일대에 "거주하는 동리
의 주민 일동이 모여 광릉천 강가에서 독립만세를 부르자"는 내용
이 담긴 격문이 광범위하게 살포되었다. 격문을 받아 본 마을주민
이재일李載日이 29일 밤에서 30일 사이에 주민 일부와 함께 광릉천
일대의 시위계획을 세울 때, 이에 적극적으로 동조한 사람 중에 한
명이었다. 양삼돌梁三乭은 이재일李載日·박석몽·최영갑崔永甲·최대
봉崔大奉·유희상柳熙庠·이흥록李興錄·최대복崔大福 등과 함께 3월
31일 광릉천변에 모인 수백 명의 시위대를 이끌고 독립만세를 목
청껏 불렀다. 일제는 헌병을 출동시켜 시위를 해산시키는 한편, 주
도자 체포에 적극 나섰다. 이 일로 일본 경찰에 체포되어 1919년 5
월 2일 징역 6개월 형을 선고받았다. 이때 실형을 선고받은 사람
중 유일하게 공소를 포기하고 복역하였다.

❖ 참고문헌

　　김정명, 『조선독립운동』 1권 분책, 원서방, 1967.
　　독립운동사편찬위원회, 『독립운동사』 2, 1971.
　　독립운동사편찬위원회, 『독립운동사자료집』 5, 1972.
　　국가보훈처, 『독립유공자공훈록』 2, 1986.

양주문화원, 『양주군지』 하, 1992.
경기도사편찬위원회, 『경기도 항일독립운동사』, 1995.

엄본성嚴本成(생몰년 미상)

　진건면 오남리(현 오남면 오남리) 출신으로, 일제시기 독립운동가
이다.

　1919년 서울에서 비롯된 3·1운동의 열기가 전국으로 퍼지고 3월
29일, 오남리 일대에서 같은 마을에 거주하는 나상규羅相奎·손삼
남孫三男·이종갑李鍾甲·여원필呂元弼·권노적權魯赤·한백석韓白石 등
과 함께 수십 명으로 시위대를 형성하고 만세운동을 전개하였다.

❖ 참고문헌

　국가보훈처, 『독립유공자공훈록』 2, 1986.
　독립운동사편찬위원회, 『독립운동사』 2, 1971.
　양주문화원, 『양주군지』 하, 1992.
　경기도사편찬위원회, 『경기도 항일독립운동사』, 1995.

여운형 呂運亨 (1885.4.24 ~ 1947.7.19)

여운형 呂運亨

독립운동가 · 정치가. 본관은 함양咸陽. 아호는 몽양夢陽. 경기도 양평출생. 정현鼎鉉의 아들로 어머니는 경주 이씨이다. 그는 아버지가 30세가 넘은 나이에 늦게 장남으로 태어나서 묘곡에서 자랐으며, 14세 때에 용인 유세영柳世永의 장녀와 혼인하였으나 4년 만에 사별하고, 그 뒤 충주의 진씨陳氏와 재혼하였다. 15세에 배재학당培材學堂에 입학하였으나 1년도 못되어 사립흥화학교私立興化學校로 옮겼다. 그러나 졸업한 달을 앞두고 그 학교마저 그만두었다. 그 뒤 1907년부터 시작한 성경공부를 하여 기독교를 믿게 되었고, 1908년경에는 미국인 선교사 곽안련郭安連(Ckarj. C. A) 목사와 친분을 맺었으며, 그의 도움을 받아 1909년 사립기독동광학교를 세웠다. 1910년 봉제사奉祭祀의 집안전통을 혁신하고 노복들을 풀어주는 등 안팎으로 변혁을 일으켰으며, 1911년 평양장로교신학교에 입학하였다. 그러나 또 중퇴하고 1914년 중국으로 건너가 난징의 금릉金陵대학에서 영문학을 전공하였다. 1917년 상해로 활동무대를 옮기면서 이 학교 역시 중퇴하였다. 1918년 상해에서 청년동포들을 규합하고 민단民團을 조직하여 광복운동의 터전을 마련하였고, 또한 신한청년당을 조직하여 총무간사에 취임하기도 하였다. 1919년 3월 임시정부 수립에 가담하여 임시의정원의원을 역임하였다. 그해 12월 일본이 우리나라의 자치문제를 타진해오자 찬부양론이 있는 가운데 동경으로 건너가 당시 척식국拓殖局 장관인 고가古賀廉次造를 비롯하여 노다野田체신대신, 무단정치가의 중심인물인 다나카田中義一, 그리고 미즈노水野鍊太郎 정무총감 등과 일련의 회담과 의견교환을 하고 돌아온 일도 있다. 1920년 소련공산당에 가입하였고, 1921년 모스크바에서 열린 원동민족근로자대회[遠東民族勤勞者大會, 또는 遠東壓迫被勤勞者大會]에 참석하였고 상해에서 한중호조사韓中互助社를 조직하고, 1922년 노병회勞兵會를 조직하기도 하였으며, 1924년 중국국민당에 가입하여 한중상호협조를 위한 남방혁명군南方革命軍을 위하여 활동하였다. 1929년 영국의 식민정책을 비난하였다가 영국경찰에 체포되어 일본에 인도, 3년간 복역한 뒤 1932년 출옥하였다. 1933년 조선중앙일보사朝鮮中央日報社 사장에 취임하여 언론을 통한 항일투쟁도 하였다.

1934년 조선 손기정孫基禎 선수의 일장기 말살사건으로 조선중앙일보가 폐간되자 사장직을 물러났다. 1944년 9월 일본의 패전을 예상하고 조선건국동맹朝鮮建國同盟의 지하조직을 전국적으로 조직하고 그 위원장에 취임하여 광복에 대비하였으며, 10월에는 양평 용문산 속에서 농민동맹을 조직하기도 하였다. 이때 광동학교 제자 김용기(가나안 농군학교 창설자)의 집으로 숨어들어 '봉안이상촌奉安理想村' 건설에 힘을 실어 주었다.

1945년 광복이 되자 조선건국준비위원회를 조직하고 그 위원장이 되었고, 9월에는 조선인민공화국을 선포하여 스스로 부주석에 취임하였으며, 10월에는 인민당을 결성하여 당수직을 앉았다. 그러나 인민당은 인민공화국 선포, 모스크바 3상회의 경정(1945.12.27), 민주주의민족전선(1946.1.19 결성), 미소공동위원회 등에 대한 노선에서 공산당과 보조를 같이 하였고, 또한 1946년 5월 좌우합작운동

김용기 장로와 여운형

은 우익의 강력한 반탁운동과 공산당과 보조를 같이 하였으며, 또한 1946년 5월 좌우합작운동이 일어났을 때 좌익을 대표하여 중간적인 위치에 선 일이 있다. 이 좌우합작운동은 우익의 강력한 반탁운동과 공산당의 반대에 부딪쳤는데 북한공산당의 지령을 받은 조선인민당의 비여운형계가 조선공산당·남조선신민당과 합동하여 남조선노동당을 결성하였던 것이다. 이에 여운형은 1946년 10월 15일 신민당과 공산당과의 공동명의로 '좌우합작 지지', '입법기관설치 반대'라는 3당합동 결정서를 발표하고 11월 12일 사회노동당을 조직하였다. 그러나 당시의 정치정세에서 사회노동당은 좌우양쪽의 공격을 받지 않을 수 없게 되어 큰 활동을 하지 못했다. 미소공동위원회가 다시 열리게 됨에 따라 1947년 5월 24일 사회노동당을 근로인민당으로 개편하였는데 밖으로는 영국 노동당좌파의 노선을 모색하였고, 안으로는 좌우 중간노선을 모색하려 하였다. 그러나 이러한 노선은 현실적으로 정치적 입장을 강화시켜주기가 어려웠다. 또 이러한 노선의 추구 때문에 자연히 인물본위의 정당이 될 수밖에 없었다. 그는 1947년 7월 19일 서울 혜화동 로터리에서 한지근韓智根이라는 19세의 소년으로부터 권총사격을 받아 절명하였다. 그는 호방대담하면서도 관용적이고 인자하였다는 평을 받았다.

정부에서는 고인의 공을 기려 2005년에 대통령표창을 추서하였다.

❖ 참고문헌

이만규, 『여운형선생 투쟁사』, 민주문화사, 1946.
『몽양 여운형』, 청하각, 1967.
이기형, 『여운형평전』, 실천문학사, 2000.
여연구, 『나의 아버지 여운형』, 김영사, 2001.
경기도사편찬위원회, 『내고장 경기도의 인물』 2, 2005.
국가보훈처, 『독립유공자공훈록』 16, 2006.
강준식, 『형농어수』 상, 아름다운책, 2006.
강준식, 『형농어수』 중, 아름다운책, 2006.
강준식, 『형농어수』 하, 아름다운책, 2006.

여원필呂元弼(1885, 고종 22~?)

진건면 오남리(현 오남면 오남리) 출신으로, 일제시기 독립운동가이다.

1919년 3월 전국 방방곡곡에서 3·1운동이 전개되자, 진건면 오남리에서 3월 29일 여원필은 같은 마을사람들인 나상규羅相奎·손삼남孫三男·엄본성嚴本成·이종갑李鍾甲·권노적權魯赤·한백석韓白石 등과 함께 수십 명의 시위대를 이끌고 독립만세를 불렀다.

❖ 참고문헌

독립운동사편찬위원회, 『독립운동사』 2, 1971.
국가보훈처, 『독립유공자공훈록』 2, 1986.
양주문화원, 『양주군지』 하, 1992.
경기도사편찬위원회, 『경기도 항일독립운동사』, 1995.

오성준吳成俊(1885.3.30～1940.2.12, 이명; 興錫)

와부면 송촌리(현 조안면 송촌리) 출신으로, 일제시기 독립운동가이며, 농업에 종사했고, 기독교인이다.

1919년 3월 15일 이정성李正成·김현모金顯模·김정하金正夏 등이 주도한 와부면 일대 시위에 김덕여金德汝·정일성鄭一成·이갑동李甲同·오성준吳成俊·김덕오金德五·이정운李正雲·김윤경金允京·이건흥李建興 등과 함께 동참하였다. 이들과 함께 송촌리 일대에 집결한 시위 군중을 선도하면서, 덕소리로 시위대를 이끌었다. 이곳에서도 전태현

오성준

全泰鉉·박경식朴景植 등 여러 동지들이 합류하였고, 다시 시위대와 함께 조안리로 향했다. 시위과정에서 일본 헌병과 잦은 충돌을 빚었고 폭력투쟁으로 발전했다. 오성준吳成俊은 시위주도 혐의로 체포되어 1919년 4월 25일 경성지방법원에서 보안법 위반혐의로 8개월형을 선고받았다. 이후 경성복심법원을 거쳐 1919년 7월 5일 고등법원에서 형이 확정됨에 따라 서대문감옥에서 복역한 후 만기출옥하였다. 이에 대한 재판기록이 그대로 남아 있다. 정부는 그 공을

기리어 1992년 4월 13일 대통령표창을 추서하였다.

❖ 참고문헌

판결문(1919.4.25, 경성지방법원).
판결문(1919.5.31, 경성복심법원).
판결문(1919.7.5, 고등법원).
독립운동사편찬위원회, 『독립운동사』 2, 1971.
독립운동사편찬위원회, 『독립운동사자료집』 5, 1972.
국가보훈처, 『독립유공자공훈록』 2, 1986.
양주문화원, 『양주군지』 하, 1992.
국사편찬위원회, 『한민족독립운동사자료집』 별집 5, 1992.
국가보훈처, 『독립유공자공훈록』 10, 1993.
경기도사편찬위원회, 『경기도 항일독립운동사』, 1995.
경기도사편찬위원회, 『내고장 경기도의 인물』 2, 2005.

우보현禹輔鉉(1862, 철종 13~?)

　미금면 평내리(현 평내동) 출신으로, 일제시기 독립운동가이다. 농업에 종사했다.

　1919년 3월 1일부터 시작된 만세운동 소식을 접하고 조선독립의 열망을 품고 있던 중 동리 구장인 이승익李昇翼의 연락을 받고 시위에 적극적으로 참여하였다. 3월 13일 이승익李昇翼의 주도 아래 동네 박모朴某의 집 앞에 마을주민들이 모여들었다. 이 자리에서 이승익李昇翼이 시위가 전국으로 확산되는 것을 저지할 목적으로 일본 총독 하세가와長谷川好道가 배포한 "국민들은 쓸데없는 유언비어에 열중하여 되지도 않는 일에 광분하지 말라. 제국은 전승국이므로 일한합병에 관하여는 조금도 변경의 여지가 없다"는 내용의 고유문을 낭독하였다. 이에 그 자리에 모여 있던 100여 명의 주민들은 야유를 퍼부으며 "우리는 만세를 부릅시다"라고 외치고 시위대를 형성하며 만세운동을 전개해나갔다. 이때 이승익李昇翼과 함께 시위대를 이끌었으며, 이 외에 같은 마을에 거주하는 김영하金永夏·이보영李輔永·정기섭鄭基燮·이석준李錫俊 등이 적극 가담하였다. 다음날인 14일에도 시위가 이어져 100여 명의 시위대와 함께 면사무소가 위치한 금곡리까지 '대한독립만세'를 소리 높여 외치며 행진하였다. 시위대가 금곡리로 가는 두 번째 고개에 이르렀을 때 일본인의 해산 권유를 받았으나, 이를 무시하고 독립만세를 외치는 목소리만 더욱 높아져갔다. 특히 우보현은 시위를 주도했던

6명의 인물 중 환갑이 다된 최고령이었음에도 불구하고 '대한독립
만세'를 크게 선창하며 적극적으로 임했던 인물이었다. 우보현은
시위 후 일본 경찰에 체포, 주모자로 몰려 1919년 5월 8일 경성지
방법원에서 징역 6개월 형을 선고받고 공소하였으나, 6월 28일 경
성복심법원에서 공소 기각판결을 받았다. 다시 상고하였으나 8월
18일 고등법원에서 기각판결을 받고 형이 확정되어 복역하였다.

❖ 참고문헌

독립운동사편찬위원회, 『독립운동사』 2, 1971.
독립운동사편찬위원회, 『독립운동사자료집』 5, 1972.
국가보훈처, 『독립유공자공훈록』 2, 1986.
양주문화원, 『양주군지』 하, 1992.
경기도사편찬위원회, 『경기도 항일독립운동사』, 1995.

운허용하耘虛龍夏(1892, 고종 29~1980)

승려. 성은 전주 이씨全州李氏. 속명
은 학수學洙이나, 시열施說로 개명하
였다. 법호는 운허耘虛, 용하龍夏는 법
명이다. 평안북도 정주 출신. 1905
년까지 고향의 회보재會輔齋에서 사
서四書를 배우고, 1910년 10월부터
1912년 3월까지 평양대성학교에서
2학년까지 수학하였다. 1912년 1월
만주로 건너가서 봉천奉天에 있는
한인교포학교 동창학교東昌學校 교
원으로 재직하였고, 1913년 6월부
터는 배일단체인 대동청년단大同靑

운허용하

年團에 가입하여 배일정신을 고취하였다. 1915년 4월부터는 배달학
교倍達學校를 설립하여 1919년 3월까지 교포 아동의 교육을 실시하
였다. 3·1운동이 일어난 뒤 4월부터 12월까지 봉천에서 독립군 기
관지인 한족신보韓族新報 사장에 취임하여 신문을 간행하고, 그 뒤
1920년 2월에는 독립운동기구인 광한단光韓團을 조직해서 활동하였
다. 그 뒤 일본 경찰을 피해 귀국하여 1921년 강원도 회양군 봉일
사鳳逸寺에 은신하다가 같은 해 5월 경송慶松을 은사로 금강산 유점
사楡岾寺 강원에서 불교초등과를 이수하고 절에서 서기를 맡아보았

운허스님 기념비

다. 이어서 1924년 5월부터 9월까지는 동래 범어사 강원에서 진응震應에게 사교과四教科를 배운 뒤, 1926년 2월 청담靑潭과 함께 전국불교학인대회全國佛教學人大會를 서울 안암동 개운사開運寺에서 개최하여 학인연맹學人聯盟을 조직하였다. 1928년 2월부터 이듬해 4월까지는 서울 개운사 강원에서 석전石顚으로부터 대교과大教科를 배웠다. 1929년에 다시 만주로 건너가 봉천 보성학교의 교장에 취임하였으며, 같은 해 겨울부터 조선혁명당에 가입하여 조국광복을 위하여 활동하였다. 1936년 2월에는 경기도 남양주시 봉선사에 강원講院을 설립하여 후진양성에 노력하고

1945년 11월에 대한 불교조계종 경기도 교무원장이 되어 이듬해 3월까지 공주 동학사東鶴寺 강원의 강사에 취임한 것을 비롯하여 1954년 11월부터 이듬해 2월까지 통도사 강원의 강사로, 1955년 4월에는 진주 연화사蓮華寺 포교사로 취임하였다. 1955년 9월부터 1958년 5월까지는 해인사 강사로 활동하였고, 1959년 10월에는 봉선사 주지에 취임하였다. 이에 앞서 1953년 9월에는 사단법인 애국동지원호회愛國同志援護會에서 『한국독립운동사』를 편찬하는 일에 가담하였다. 그리고 1957년 7월부터는 불경을 번역하기 시작하여 평생의 사업으로 삼았다. 1961년에는 국내 최초로 『불교사전』을 편찬하였고, 1964년에는 동국역경원東國譯經院을 설립하고 초대원장이

운허스님 부도비

되었으며, 대장경大藏經 국역사업에 힘써 한국불교역경사에 길이
빛날 업적을 남겼다. 1962년에는 종교인으로서 기여한 공로를 인
정받아 문화훈장을 받았고, 1963년에는 독립운동에 이바지한 공로
로 대통령표창을 받았으며, 1978년에는 동국대학교에서 명예철학
박사학위를 받았다. 그는 명리와 형식에 초연하였으며, 열반에 들
기 9년 전에 유언인 「다경실유촉茶經室遺囑」을 남겼는데 이는 후학
들에게 크나큰 귀감이 되고 있다. 1980년 11월 8일에 봉선사에서
나이 89세, 법랍 59세로 입적하였다. 중요저서 또는 역서로는 『불교
사전』·『불교의 자비』·『불교의 깨묵』·『한글 금강경』·『자비수참
慈悲水懺』·『자비도량참법慈悲道場懺法』·『수능엄경주해首楞嚴經註解』·『보
현행원품普賢行願品』·『대교지문大教指文』 등이 남아 있다.

❖ 참고문헌

「봉선사」, 『불천佛泉』, 1994.

신용철, 『운허스님의 크신 발자취』, 동국역경원, 2002.

원대현元大鉉(생몰년 미상)

    화도면(현 화도읍) 출신으로, 일제시기 독립운동가이다.

    1907년 선교사에 의해 월산교회가 세워지면서 월산교회에서는 배인학당을 세워 학생들에게 교육을 가르치고 있었다. 이때 김필규金弼圭는 교회와 학교의 지도자로서 이인하李麟夏·이택하李澤夏와 함께 서울에서의 3·1만세운동에 대한 소식을 듣고 마을의 지도자인 이달용李達鎔·이재하李載夏·이덕재李德在·이택주李宅周·유인명柳寅明·홍순철洪淳哲·윤태익尹泰益 등과 3월 16일 월산교회에 모여 봉기할 시기와 방법을 결정하고 연락하던 중 발각되었다. 이때 이재하李載夏·이승보李承輔·이택하李澤夏 등이 일본경찰에 의해 검거되었다. 이날 밤 월산리·답내리 주민 200여 명이 고개넘어 마석우리 헌병주재소로 몰려가 검거된 인사 3명의 석방과 독립만세운동을 전개하였다.

    이에 일본 헌병은 격화되어 가는 시위대의 기세를 꺾고자 무자비한 대응으로 맞섰고, 그 결과 다수의 사상자가 발생하는 참상으로 이어졌다. 당시 일본경찰의 발포로 이달용李達鎔·손복산孫福山·신영희申榮熙·유상규兪相奎·이교직李敎稙 등은 그 자리에서 숨을 거두고, 이때 원대현元大鉉은 이재혁李載赫·윤균尹均·강덕여姜德汝·윤정석尹丁石 등 동지들과 함께 중상을 입었다.

❖ 참고문헌

김정명, 『조선독립운동』 1권 분책, 원서방, 1967.
독립운동사편찬위원회, 『독립운동사』 2, 1971.
양주문화원, 『양주군지』, 1978.
양주문화원, 『양주군지』 하, 1992.

유근영柳近永(1897.1.3~1954.4.31)

유근영柳近永은 1919년 3·1운동 당시 경성고등보통학교京城高等普通學校 4학년생으로 같은 학교에 재학 중이던 김용관金龍觀·박노영朴老英·홍순복洪淳福·최강윤崔康潤 등 여러 학우들과 함께 3월 5일 서울시내의 만세시위에 참가하였다. 당일 아침부터 서울 남대문 역전에서 수백 명의 시위군중들과 함께 '조선독립朝鮮獨立'이라고 쓴 깃발을 흔들고 독립만세를 외치면서 남대문을 지나 서울시내로 진입하려다 일본 헌병에 체포되었다.

같은 해 11월 6일 경성지방법원에서 보안법과 출판법 위반으로 징역 6월형을 선고받고 옥고를 치렀다. 정부에서는 당시 고인의 공훈을 기리어 1992년에 대통령표창을 추서하였다.

❖ 참고문헌

「예심종결결정서豫審終結決定書」(1919.8.30, 경성지방법원).
독립운동사편찬위원회, 『독립운동사』 2, 1971.
독립운동사편찬위원회, 『독립운동사자료집』 5, 1972.
독립운동사편찬위원회, 『독립운동사』 9, 1977.
국가보훈처, 『독립유공자공훈록』 10, 1993.
경기도사편찬위원회, 『경기도 항일독립운동사』, 1995.
경기도사편찬위원회, 『내고장 경기도의 인물』 2, 2005.

유상규兪相奎(1880.12.9~1919.3.18)

화도면(현 화도읍 월산리) 출신으로, 일제시기 독립운동가이다.

1907년 선교사에 의해 월산교회가 세워지면서 월산교회에서는 배인학당을 세워 학생들에게 교육을 가르치고 있었다. 이때 김필규金弼圭는 교회와 학교의 지도자로서 이인하李麟夏·이택하李澤夏와 함께 서울에서의 3·1만세운동에 대한 소식을 듣고 마을의 지도자인 이달용李達鎔·이재하李載夏·이덕재李德在·이택주李宅周·유인명柳寅明·홍순철洪淳哲·윤태익尹泰益 등과 3월 16일 월산교회에 모여 봉기할 시기와 방법을 결정하고 연락하던 중 발각되었다. 이때 이재하李載夏·이승보李承輔·이택하李澤夏 등이 일본경찰에 의해 검거되었다. 이날 밤 월산리·답내리 주민 200여 명이 고개넘어 마석우리 헌병주재소로 몰려가 검거된 인사 3명의 석방과 독립만세운동을 전개하였다.

이에 일본 헌병은 격화되어 가는 시위대의 기세를 꺾고자 무자비한 대응으로 맞섰고, 그 결과 다수의 사상자가 발생하는 참상으로 이어졌다. 당시 일본경찰의 발포로 유상규兪相奎는 이달용李達鎔·손복산孫福山·신영희申榮熙·이교직李敎稙 등의 동지와 함께 순국하였다. 정부에서는 그 공을 기리어 1977년 대통령포창을 추서하였고, 이어 1991년에는 건국훈장 애국장으로 승급·서훈하였다.

❖ 참고문헌

김정명, 『조선독립운동』 1권 분책, 원서방, 1967.

독립운동사편찬위원회, 『독립운동사』 2, 1971.

양주문화원, 『양주군지』, 1978.

국가보훈처, 『독립유공자공훈록』 2, 1986.

양주문화원, 『양주군지』 하, 1992.

경기도사편찬위원회, 『경기도 항일독립운동사』, 1995.

경기도사편찬위원회, 『내고장 경기도의 인물』 2, 2005.

유인명柳寅明(생몰년 미상)

　일제시기 독립운동가이며, 화도면 마석모루 시위에 관여하였다.

　1907년 선교사에 의해 월산교회가 세워지면서 월산교회에서는 배인학당을 세워 학생들에게 교육을 가르치고 있었다. 이때 김필규金弼圭·이인하李麟夏·이택하李澤夏와 함께 서울에서의 3·1만세운동에 대한 소식을 듣고 마을의 지도자과 모의할 당시 유인명柳寅明은 이달용李達鎔·이재하李載夏·이덕재李德在·이택주李宅周·홍순철洪淳哲·윤태익尹泰益 등 여러 동지들과 적극적으로 참여하던 중, 3월 16일 월산교회에 모여 봉기할 시기와 방법을 결정하고 연락하던 중 발각되었다. 이때 이재하李載夏·이승보李承輔·이택하李澤夏 등이 일본경찰에 의해 검거되었다. 이날 밤 월산리·답내리 주민 200여 명이 고개넘어 마석우리 헌병주재소로 몰려가 검거된 인사 3명의 석방과 독립만세운동을 전개하였다.

　이에 일본 헌병은 격화되어 가는 시위대의 기세를 꺾고자 무자비한 대응으로 맞섰고, 그 결과 다수의 사상자가 발생하는 참상으로 이어졌다. 당시 일본경찰의 발포로 이달용李達鎔·손복산孫福山·신영희申榮熙·유상규兪相奎·이교직李敎稙 등은 그 자리에서 숨을 거두고, 이재혁李載赫·윤균尹均·강덕여姜德汝·윤정석尹丁石·원대현元大鉉 등은 중상을 입었다.

❖ 참고문헌

독립운동사편찬위원회, 『독립운동사』 2, 1971.
양주문화원, 『양주군지』, 1978.
양주문화원, 『양주군지』 하, 1992.

유해정 柳海正 (1901. 8. 22 ~ 1971. 2. 15)

별내면 고산리 출신으로 일제시기 독립운동가로, 유생이면서 농업에 종사하였다.

유해정柳海正은 1919년 3월 1일 이래 독립만세운동이 전국으로 확대되자 그 취지에 적극 찬동하였다. 그리하여 3월 하순경 자기집에서 3·1운동의 취지 및 국권침탈의 부당성과 고종의 독살을 규탄하는 항의문을 작성하였다. 그 내용은 "임금을 속이고 한국을 강탈한 나머지 고종폐하를 독살까지 하였으니 참으로 이가 갈림을 참을 수 없다. 한국의 독립을 돌려주지 않는다면 분개한 백성이 일제히 궐기하여 불의의 나라에 복복할 것이다. 나도 한 자루의 칼을 가지고 죽음으로써 원한을 씻을 것이다"라는 요지로 되어있다. 특히 그는 일본천황 대신에 일본왕 등으로 하대하는 문구를 사용하였으며, 4월 19일 항의문이 일본 궁내성에 도착하게 되자 곧바로 일제에 의해 붙잡혔다. 그리하여 6월 28일 경성지방법원에서 이른바 천황에 대한 불경죄로 징역 3년을 선고받고 징역 3년을 선고받고 공소하였으나, 7월 8일 경성복심법원에서 기각되어 형이 최종확정됨으로써 옥고를 치렀다. 1986년 대통령표창, 1990년 건국훈장 애족장을 추서하였다.

❖ 참고문헌

독립운동사편찬위원회, 『독립운동사자료집』 5, 1972.
국가보훈처, 『독립유공자공훈록』 8, 1990.
경기도사편찬위원회, 『내고장 경기도의 인물』 2, 2005.

유희상柳熙庠(1881, 고종 18~?)

진접면(현 진접읍) 부평리 출신으로, 일제시기 독립운동가이며, 농업에 종사했다.

1919년 3월 29일 밤, 부평리와 주변 마을 일대에 "거주하는 동리의 주민 일동이 모여 광릉천 강가에서 독립만세를 부르자"는 내용이 담긴 격문이 광범위하게 살포되었다. 당일 밤 격문을 받아 본 마을주민 이재일李載日이 29일 밤에서 30일 사이에 주민 일부와 함께 광릉천 일대의 시위계획을 세울 때, 이에 적극적으로 참여하였다. 유희상柳熙庠은 3월 31일 시위를 결정한 이재일李載日・최영갑崔永甲・최대봉崔大奉・양삼돌梁三乭・박석몽朴石夢・최대복崔大福・이흥록李興錄 등과 함께 당일 광릉천에 모인 6백여 명의 주민들 사이에서 독립만세를 부르며 시위대를 선도해나갔다. 시위는 결국 출동한 일본 헌병에 의해 더 확산될 수 없었다. 시위를 주도한 혐의로 체포되어 1919년 5월 2일 징역 6개월 형을 선고받았으며, 공소하여 6월 19일 경성복심법원에서 태형 90대를 선고받았다.

❖ 참고문헌

김정명, 『조선독립운동』 1권 분책, 원서방, 1967.
독립운동사편찬위원회, 『독립운동사』 2, 1971.
독립운동사편찬위원회, 『독립운동사자료집』 5, 1972

국가보훈처, 『독립유공자공훈록』 2, 1986.
양주문화원, 『양주군지』 하, 1992.
경기도사편찬위원회, 『경기도 항일독립운동사』, 1995.

윤균尹均(생몰년 미상)

화도면(현 화도읍) 출신으로, 일제시기 독립운동가이다.

1907년 선교사에 의해 월산교회가 세워지면서 월산교회에서는 배인학당을 세워 학생들에게 교육을 가르치고 있었다. 이때 김필규金弼圭는 교회와 학교의 지도자로서 이인하李麟夏·이택하李澤夏와 함께 서울에서의 3·1만세운동에 대한 소식을 듣고 마을의 지도자인 이달용李達鎔·이재하李載夏·이덕재李德在·이택주李宅周·유인명柳寅明·홍순철洪淳哲·윤태익尹泰益 등과 3월 16일 월산교회에 모여 봉기할 시기와 방법을 결정하고 연락하던 중 발각되었다. 이때 이재하李載夏·이승보李承輔·이택하李澤夏 등이 일본경찰에 의해 검거되었다. 이날 밤 월산리·답내리 주민 200여 명이 고개넘어 마석우리 헌병주재소로 몰려가 검거된 인사 3명의 석방과 독립만세운동을 전개하였다.

이에 일본 헌병은 격화되어 가는 시위대의 기세를 꺾고자 무자비한 대응으로 맞섰고, 그 결과 다수의 사상자가 발생하는 참상으로 이어졌다. 당시 일본경찰의 발포로 이달용李達鎔·손복산孫福山·신영희申榮熙·유상규兪相奎·이교직李敎稙 등은 그 자리에서 숨을 거두었는데, 이때 윤균尹均은 이재혁李載赫·강덕여姜德汝·윤정석尹丁石·원대현元大鉉 등은 함께 중상을 입었다.

❖ 참고문헌

독립운동사편찬위원회, 『독립운동사』 2, 1971.
양주문화원, 『양주군지』, 1978.
양주문화원, 『양주군지』 하, 1992.
경기도사편찬위원회, 『경기도 항일독립운동사』, 1995.

윤정석 尹丁石(생몰년 미상)

화도면(현 화도읍) 출신으로, 일제시기 독립운동가이다.

1907년 선교사에 의해 월산교회가 세워지면서 월산교회에서는 배인학당을 세워 학생들에게 교육을 가르치고 있었다. 이때 김필규金弼圭는 교회와 학교의 지도자로서 이인하李麟夏·이택하李澤夏와 함께 서울에서의 3·1만세운동에 대한 소식을 듣고 마을의 지도자인 이달용李達鎔·이재하李載夏·이덕재李德在·이택주李宅周·유인명柳寅明·홍순철洪淳哲·윤태익尹泰益 등과 3월 16일 월산교회에 모여 봉기할 시기와 방법을 결정하고 연락하던 중 발각되었다. 이때 이재하李載夏·이승보李承輔·이택하李澤夏 등이 일본경찰에 의해 검거되었다. 이날 밤 월산리·답내리 주민 200여 명이 고개넘어 마석우리 헌병주재소로 몰려가 검거된 인사 3명의 석방과 독립만세운동을 전개하였다.

이에 일본 헌병은 격화되어 가는 시위대의 기세를 꺾고자 무자비한 대응으로 맞섰고, 그 결과 다수의 사상자가 발생하는 참상으로 이어졌다. 당시 일본경찰의 발포로 이달용李達鎔·손복산孫福山·신영희申榮熙·유상규兪相奎·이교직李敎稙 등은 그 자리에서 숨을 거뒀는데, 이때 윤정석尹丁石은 이재혁李載赫·윤균尹均·강덕여姜德汝·원대현元大鉉 등 많은 동지들과 함께 중상을 입었다.

❖ 참고문헌

독립운동사편찬위원회, 『독립운동사』 2, 1971.
양주문화원, 『양주군지』, 1978.
양주문화원, 『양주군지』 하, 1992.
경기도사편찬위원회, 『경기도 항일독립운동사』, 1995.

윤성준尹性俊(생몰년 미상)

화도면(현 화도읍) 출신으로, 일제시기 독립운동가이다.

1907년 선교사에 의해 월산교회가 세워지면서 월산교회에서는 배인학당을 세워 학생들에게 교육을 가르치고 있었다. 이때 김필규金弼圭는 교회와 학교의 지도자로서 이인하李麟夏·이택하李澤夏와 함께 서울에서의 3·1만세운동에 대한 소식을 듣고 마을의 지도자인 이달용李達鎔·이재하李載夏·이덕재李德在·이택주李宅周·유인명柳寅明·홍순철洪淳哲·윤태익尹泰益 등과 3월 16일 월산교회에 모여 봉기할 시기와 방법을 결정하고 연락하던 중 발각되었다. 이때 이재하李載夏·이승보李承輔·이택하李澤夏 등이 일본경찰에 의해 검거되었다. 이날 밤 월산리·답내리 주민 200여 명이 고개넘어 마석우리 헌병주재소로 몰려가 검거된 인사 3명의 석방과 독립만세운동을 전개하였다.

이에 일본 헌병은 격화되어 가는 시위대의 기세를 꺾고자 무자비한 대응으로 맞섰고, 그 결과 다수의 사상자가 발생하는 참상으로 이어졌다. 당시 일본경찰의 발포로 이달용李達鎔·손복산孫福山·신영희申榮熙·유상규兪相奎·이교직李教稙 등은 그 자리에서 숨을 거두고, 이재혁李載赫·윤균尹均·강덕여姜德汝·윤정석尹丁石·원대현元大鉉 등은 중상을 입었다.

3월 19일 일본 경찰은 만세운동에 가담한 자를 체포하기 위하여 마석고개를 넘어왔는데 대다수 주민들은 피신을 하였으나 윤성준

尹性俊은 김필규金弼圭・이승면・강선원姜善遠・남궁우룡・김원석金元石・권은權慇・이윤원李允遠 등의 동지들과 함께 연행되어 혹독한 고문을 받는 등 심한 고초를 겪었다.

❖ 참고문헌

김정명, 『조선독립운동』 1권 분책, 원서방, 1967.
독립운동사편찬위원회, 『독립운동사』 2, 1971.
국가보훈처, 『독립유공자공훈록』 2, 1986.
양주문화원, 『양주군지』 하, 1992.
경기도사편찬위원회, 『경기도 항일독립운동사』, 1995.

윤태익 尹泰益 (생몰년 미상)

일제시기 독립운동가이며, 화도면(현 화도읍) 마석모루 시위에 관여하였다.

1907년 선교사에 의해 월산교회가 세워지면서 월산교회에서는 배인학당을 세워 학생들에게 교육을 가르치고 있었다. 이때 김필규金弼圭·이인하李麟夏·이택하李澤夏는 서울에서의 3·1만세운동에 대한 소식을 듣고 만세운동을 논의할 당시 윤태익尹泰益은 마을의 지도자인 이달용李達鎔·이재하李載夏·이덕재李德在·이택주李宅周·유인명柳寅明·홍순철洪淳哲 등과 함께 적극적으로 참여하여 3월 16일 월산교회에 모여 봉기할 시기와 방법을 결정하고 연락하던 중 발각되었다. 이때 이재하李載夏·이승보李承輔·이택하李澤夏 등이 일본 경찰에 의해 검거되었다. 이날 밤 월산리·답내리 주민 200여 명이 고개넘어 마석우리 헌병주재소로 몰려가 검거된 인사 3명의 석방과 독립만세운동을 전개하였다.

이에 일본 헌병은 격화되어 가는 시위대의 기세를 꺾고자 무자비한 대응으로 맞섰고, 그 결과 다수의 사상자가 발생하는 참상으로 이어졌다. 당시 일본경찰의 발포로 이달용李達鎔·손복산孫福山·신영희申榮熙·유상규兪相奎·이교직李敎稙 등은 그 자리에서 숨을 거두고, 이재혁李載赫·윤균尹均·강덕여姜德汝·윤정석尹丁石·원대현元大鉉 등은 중상을 입었다.

❖ 참고문헌

독립운동사편찬위원회, 『독립운동사』 2, 1971.
양주문화원, 『양주군지』, 1978.
양주문화원, 『양주군지』 하, 1992.

이갑동李甲同(1896.10.24~1939.9.20)

　와부면 송촌리(현 조안면 송촌리) 출신으로, 일제시기 독립운동가
이며, 농업에 종사했다.

　이갑동은 1919년 3월 15일 이정성李正成·김현모金顯模·김정하金
正夏 등이 주도한 와부면 일대 시위에 김덕여金德汝·정일성鄭一成·
오성준吳成俊·김덕오金德五·이정운李正雲·김윤경金允京·이건홍李建

독립유공자 이갑동 묘소

독립유공자 이갑동 묘 안내판

興 등과 함께 동참하였다. 이들과 함께 송촌리 일대에 집결한 시위 군중을 선도하면서, 덕소리로 시위대를 이끌었다. 이곳에서 전태 현全泰鉉·박경식朴景植 등 여러 동지들이 합류하였고, 다시 시위대 와 함께 조안리로 향했다. 시위과정에서 폭력투쟁으로 발전하여 헌병주재소를 습격하는 등 출동한 일본 헌병과 많은 충돌을 일으 켰다. 시위주도 혐의로 체포되어 1919년 4월 25일 경성지방법원에 서 보안법 위반혐의로 8개월 형을 선고받았다. 이후 경성복심법원 을 거쳐 1919년 7월 5일 고등법원에서 형이 확정됨에 따라 복역하 였다. 이 같은 독립운동의 공훈을 인정받아 1992년 4월 13일 정부 에서 대통령표창을 추서하였다.

❖ 참고문헌

판결문(1919.4.25, 경성지방법원).

판결문(1919.5.31, 경성복심법원).

판결문(1919.7.5, 고등법원).

독립운동사편찬위원회, 『독립운동사』 2, 1971.

독립운동사편찬위원회, 『독립운동사자료집』 5, 1972.

국가보훈처, 『독립유공자공훈록』 2, 1986.

양주문화원, 『양주군지』 하, 1992.

국가보훈처, 『독립유공자공훈록』 10, 1993.

경기도사편찬위원회, 『경기도 항일독립운동사』, 1995.

경기도사편찬위원회, 『내고장 경기도의 인물』 2, 2005.

이강李堈(1877, 고종 14~1955)

이강李堈(1877~1955)은 조선 말기의 왕족으로, 본관은 전주全州. 초명은 평길平吉. 호는 만오晩悟·춘암春菴, 의왕義王·의친왕義親王 또는 의화군義化君이라고도 불린다. 고종의 다섯째 아들이며, 순종의 이복동생으로 어머니는 귀인 장씨貴人張氏이다.

1891년(고종 28) 12월에 의화군에 봉하여졌으며, 1893년 9월 김사준金思濬의 딸을 맞아 가례嘉禮를 올렸다. 1894년 9월 청일전쟁에서 승리한 일본의 전승을 축하하는 보빙대사報聘大使로 임명되어 일본에 갔다가 그 해 10월에 귀국하였다. 1895년 5월에는 특

眞 御 下 殿 公 堈 李
의친왕 이강

파대사자격으로 영국·독일·러시아·이탈리아·프랑스·오스트리아 등 유럽국가를 차례로 방문하여 선진문화를 접하게 되었다.

1900년 미국으로 유학하여 미국대학교 특별과에 입학하였으며, 같은 해 8월에 의왕義王으로 봉하여졌다. 1905년 4월 미국유학을 마친 뒤 귀국하여 그 해 6월에 적십자사 총재가 되었다. 1910년 일제에 나라를 빼앗긴 뒤에는 항일 독립투사들과 접촉하여 1919년 대동단大同團의 전협全協 · 최익환崔益煥 등과 상해 임시정부로 탈출을 모의하였으며, 계획을 실행에 옮기던 도중 그 해 11월 만주 안동安東에서 일본 경찰에게 발각당하여 강제로 서울로 송환되었다. 그 뒤 여러 차례 일본정부로부터 도일을 강요받았으나 끝내 거부하여 항일의 기개를 굽히지 않았다.

이강은 경술국치 이후 혹독한 탄압과 감시를 받기도 했다. 1909년 10월 거창군 위천면으로 낙향한 전 승지 정태균鄭泰均의 집을 방문하여 한 달간을 머물며 이고장의 뜻있는 우국 청년들과 접촉하고 경남 거창군 북상면 사선대四仙臺 일대를 장차 의병의 근거지로 삼으려고 준비를 하다가 일본경찰에 발각되어 서울로 압송되고 말았다.

그 이후 사선대四仙臺는 사선대思璿坮로 고쳐 부르게 되었으니 이는 이강공을 기리기 위함이다. 1919년 3·1운동 후 같은 해 11월 이강은 제2독립선언서를 주도하여 발표하였다. 건·우 두 아들을 두었으며, 묘역은 홍유릉 경내에 있으며 영왕英王, 이은李垠 내외분과 지근거리에 있으며 사랑스러운 여동생 덕혜옹주德惠翁主, 이렇게 3남매가 잠들어 있다.

제2독립선언서 第二獨立宣言書

半萬年歷史의 權威와 二千萬民衆의 誠哀으로 엎드려 我國家가 獨立國임과 我民族이 自由民임을 茲에 天下萬國에 宣言하고 또한 證言한다.

權域 靑邱는 누구의 식민지가 아니며 檀孫麗族은 누구의 奴隸種도 아니다 國家는 즉 東方의 君子이며 겨레는 곧 先言하는 善人이다.

그럼에도 運이 막혀 나라를 다스린지 오래자 亂을 일으켜 밖으로는 鯨呑하는 强隣이 있고, 안으로는 나라를 좀먹는 奸賊이 있어 五千年의 神聖한 艤死와 二千萬의 禮義民族과 五百年의 社稷이 一朝에 湮滅하였다. 朝延에는 殉國하는 臣下가 있고 들에는 死節하는 百姓이 있다. 그러나 皇天이 사랑하지 않아 國民에 祿이 없다.

皇帝의 聲明에 갑자기 辱을 당하여 廢遷한 士民의 義擧는 忽然히 殲族의 禍를 입고 濫稅苛法과 虐遇奴使에 百姓은 生命을 依支하지 못하게 되었다. 그리하여 이를 말하면 곧 强盜로서 處罰되고 十字架에 매달아 이를 죽였다. 무릇 이는 忠義의 魂으로서 殘忍之下에 消滅된 者 幾千萬인가 아픔을 참고 견디며 臥薪嘗膽한지 十星霜을 지냈다. 陰 이 極하면 陽이 되고 아니가고 돌아옴은 天理의 好還으로서 죽음에 處하여 生을 求하고 생각을 오래하고 깊이하여 일어섬은 人道의 至情이다. 世界의 改造 民族自決論은 天下에 드높아져 我國의 獨立, 我民族의 自由之聲은 宇內에 가득 찼다. 於是乎 三月 一日 獨立을 宣言하고 四月 十日 政府를 建設하였으나 頑迷한 그 日本은 時勢의 推移를 顧慮함이 없어 쓸데없는 豸의 蠻性을 發揮하여 크게 抑仰을 제 마음대로 하고 白手인 徒衆을 銃砲로 죽이고 城邑村落을 爆盡하였다. 이 어찌 人類的으로 良心으로서 참고 견딜 수 있을 것이냐 吾族의 丹忠熱血은 決코 이 非正理的 壓迫에 減縮되지 않고 더욱 正義人道로서 勇往邁進함이 있을 뿐, 萬一 日本으로

하여금 끝내 이를 悔改함이 없다면 吾族은 不得己 三月 日의 公約에 依하여 最後의 一人까지 最大의 誠意와 最大의 努力으로써 血戰함을 辭讓하지 않을 것임을 玆에 聲明한다.

大韓民國 元年 十一月

民族代表三十三人
義親王 李堈, 金嘉鎭, 金協, 楊楨, 李政, 金商說, 田相武, 白初月, 崔詮九, 張炯九, 金益夏, 鄭卨敎, 李鐘春, 金世應, 鄭義南, 羅昌憲, 韓基東, 申道安, 李信愛, 韓逸浩, 朴貞善, 魯弘濟, 李眞鉉, 李來修, 金炳起, 李謙容, 李雪吼, 申泰鍊, 申瑩澈, 吾世悳, 鄭奎植, 金弘鎭, 廉光祿.

❖ 참고문헌
『고종실록』, 『승정원일기』, 『동아일보』.
마키야마 코우조우牧山耕藏, 『조선신사명감朝鮮紳士名鑑』, 일본전보통신사 경성지국, 1911.
박은식, 『한국독립운동지혈사』, 유신사, 1920.

이건흥李建興(1886.11.15~1951.3.25, 이명; 健興)

와부면 송촌리(현 조안면 송촌리) 출신으로, 일제시기 독립운동가이다. 농업에 종사했으며 기독교인이다.

1919년 3월 15일 이정성李正成·김현모金顯模·김정하金正夏 등이 주도한 와부면 일대 시위에 김덕여金德汝·정일성鄭一成·이갑동李甲同·오성준吳成俊·김덕오金德五·이정운李正雲·김윤경金允京·이건흥李建興 등과 함께 동참하였다. 이들과 함께 송촌리 일대에 집결한 시위군중을 선도하면서, 덕소리로 시위대를 이끌었다. 이곳에서도 전태현全泰鉉·박경식朴景植 등 여러 동지들이 합류하였고, 다시 시위대와 함께 조안리로 향했다. 시위과정에서 헌병주재소를 습격하는 등 출동한 일본 헌병과 충돌하였고, 이어 폭력투쟁으로 발전했다. 이건흥은 시위주도 혐의로 체포되어 1919년 4월 25일 경성지방법원에서 보안법 위반혐의로 8개월 형을 선고받았다. 이후 경성복심법원을 거쳐 1919년 7월 5일 고등법원에서 형이 확정됨에 따라 복역하였다. 1993년 독립운동의 공훈을 인정받아 정부에서 대통령표창을 내렸다.

❖ 참고문헌

판결문(1919.4.25, 경성지방법원).
판결문(1919.5.31, 경성복심법원).

판결문(1919.7.5, 고등법원).

독립운동사편찬위원회, 『독립운동사』 2, 1971.

독립운동사편찬위원회, 『독립운동사자료집』 5, 1972.

국가보훈처, 『독립유공자공훈록』 2, 1986.

양주문화원, 『양주군지』 하, 1992.

국가보훈처, 『독립유공자공훈록』 11, 1994.

경기도사편찬위원회, 『경기도 항일독립운동사』, 1995.

경기도사편찬위원회, 『내고장 경기도의 인물』 2, 2005.

이교직李敎稙(1887.7.10~1919.3.18)

화도면(현 화도읍 월산리 552) 출신으로, 일제시기 독립운동가이다.

1907년 선교사에 의해 월산교회가 세워지면서 월산교회에서는 배인학당을 세워 학생들에게 교육을 가르치고 있었다. 이때 김필규金弼圭는 교회와 학교의 지도자로서 이인하李麟夏·이택하李澤夏와 함께 서울에서의 3·1만세운동에 대한 소식을 듣고 마을의 지도자인 이달용李達鎔·이재하李載夏·이덕재李德在·이택주李宅周·유인명柳寅明·홍순철洪淳哲·윤태익尹泰益 등과 3월 16일 월산교회에 모여 봉기할 시기와 방법을 결정하고 연락하던 중 발각되었다. 이때 이재하李載夏·이승보李承輔·이택하李澤夏 등이 일본경찰에 의해 검거되었다. 이날 밤 월산리·답내리 주민 200여 명이 고개넘어 마석우리 헌병주재소로 몰려가 검거된 인사 3명의 석방과 독립만세운동을 전개하였다.

이에 일본 헌병은 격화되어 가는 시위대의 기세를 꺾고자 무자비한 대응으로 맞섰고, 그 결과 다수의 사상자가 발생하는 참상으로 이어졌다. 당시 일본경찰의 발포로 이교직李敎稙은 이달용李達鎔·손복산孫福山·신영희申榮熙·유상규兪相奎 등의 동지와 함께 순국하였다. 이 외에도 많은 부상자가 발생하였다. 정부에서는 그 공을 기리어 1977년 대통령표창을 추서하였고, 1991년 건국훈장 애국장을 더했다.

❖ 참고문헌

김정명, 『조선독립운동』 1권 분책, 원서방, 1967.

독립운동사편찬위원회, 『독립운동사』 2, 1971.

양주문화원, 『양주군지』, 1978.

국가보훈처, 『독립유공자공훈록』 2, 1986.

양주문화원, 『양주군지』 하, 1992.

경기도사편찬위원회, 『경기도 항일독립운동사』, 1995.

경기도사편찬위원회, 『내고장 경기도의 인물』 2, 2005.

이내안李乃安(1883.8.24~1954.2.23)

와부면 송촌리(현 조안면 송촌리) 출신으로, 일제시기 독립운동가이다.

1919년 3월 15일 이정성李正成·김현모金顯模·김정하金正夏 등이 주도한 와부면 일대 시위에 김덕여金德汝·정일성鄭一成·이갑동李甲同·오성준吳成俊·김덕오金德五·이정운李正雲·김윤경金允京·이건흥李建興 등과 함께 동참하였다. 이들과 함께 송촌리 일대에 집결한 시위군중을 선도하면서, 덕소리로 시위대를 이끌었다. 이곳에서도 전태현全泰鉉·김현유金鉉有·박경식朴景植 등 동지들이 합류하였고, 다시 시위대와 함께 조안리로 향했다. 시위과정에서 헌병주재소를 습격하는 과격한 투쟁양상으로까지 발전하여 출동한 일본 헌병과 잦은 충돌을 빚었다. 이내안李乃安은 이 시위에 참가하여 체포되어 1919년 4월 25일 경성지방법원에서 보안법 위반혐의로 8개월 형을 선고받았다. 이후 경성복심법원을 거쳐 1919년 7월 5일 고등법원에서 형이 확정됨에 따라 약 11개월을 복역하였다. 그 공훈을 인정받아 정부는 2003년 건국포장을 추서하였다.

독립유공자 이내안 묘

❖ 참고문헌

판결문(1919.4.25, 경성지방법원).

판결문(1919.5.31, 경성복심법원).

판결문(1919.7.5, 고등법원).

독립운동사편찬위원회, 『독립운동사』 2, 1971.

독립운동사편찬위원회, 『독립운동사자료집』 5, 1972.

국가보훈처, 『독립유공자공훈록』 15, 2005.

이내한 李來漢(1883, 고종 20~?)

충청남도 아산牙山 출신으로, 일제시기 독립운동가이며, 3·1운동 당시 화도면(현 화도읍)에 거주했던 것으로 보인다.

전국에서 3·1운동의 열기가 고조되던 1919년 3월 중순, 화도면 일대에서 조직적인 만세시위를 계획하여 뜻을 함께 할 동지들을 차례로 규합해나갔다. 이승보李承輔·이재하李載夏·이택하李澤夏·김원석·이승면李承冕·남궁우룡·윤준·이윤원李允遠·구영식具永植·김필규金弼圭·권은權慇·강선원 등 동지들과 자신을 중심으로 구체적인 시위계획을 논의하였다. 이 외에도 이달용李達鎔이 주도한 시위계획에 동참한 인물로 독립운동 관련 문헌에는 강덕여姜德汝·강소불·강순필姜淳弼·김우동·원대현元大鉉·유인명柳寅明·윤태익尹泰益·이덕재李德在·이복현李福鉉·이인하李麟夏·이택주李宅周·이완재李完在·이재혁李載赫·이학봉李學奉·이한석李漢錫·홍순철洪淳哲 등이 기록되어 있다. 이들과 함께 시위 날짜를 협의하고 인원동원 등의 역할을 분담했다. 이러한 계획에 따라 3월 18일 밤 답내리畓內里·월산리月山里 일대의 주민 수백 명과 함께 독립만세시위를 감행하였다. 그 과정에서 시위를 함께 모의했던 이승보李承輔·이재하李載夏·이택하李澤夏 등이 체포되었다. 그럼에도 불구하고 시위양상은 급속도로 확산되어, 1,000여 명의 대군중으로 증가하는 등 치열한 양상을 띠었다. 기세가 오른 시위대는 마석우리 헌병주재소로 몰려가 체포된 인사의 석방을 요구하였다. 시위가 점차 격화되어가자 일본 헌병들은 시위대를 향하여 무차별적인 발포를 자행하였다. 그 과정에서 이달용李達鎔은 손복산孫福山·신영희申榮熙·유상규兪相奎·이교직李敎稙 4명의 동지와 함께 현장에서 순국하였으며, 이때 다수의 부상자가 발생하였다. 정부에서는 그 공을 기리어 1980년 대통령표창을 추서하였다.

❖ 참고문헌

김정명, 『조선독립운동』 1권 분책, 원서방, 1967.
독립운동사편찬위원회, 『독립운동사』 2, 1971.
국가보훈처, 『독립유공자공훈록』 2, 1986.
양주문화원, 『양주군지』 하, 1992.
경기도사편찬위원회, 『경기도 항일독립운동사』, 1995.
경기도사편찬위원회, 『내고장 경기도의 인물』 2, 2005.

이덕재李德在(생몰년 미상)

일제시기 독립운동가이며, 화도면(현 화도읍) 마석모루 시위에 관여하였다.

1907년 선교사에 의해 월산교회가 세워지면서 월산교회에서는 배인학당을 세워 학생들에게 교육을 가르치고 있었다. 이때 김필규金弼圭・이인하李麟夏・이택하李澤夏와 함께 서울에서의 3·1만세운동에 대한 소식을 듣고 만세운동을 모의할 때 이덕재李德在는 마을의 지도자인 이달용李達鎔・이재하李載夏・이택주李宅周・유인명柳寅明・홍순철洪淳哲・윤태익尹泰益 등과 적극적으로 참여하여 3월 16일 월산교회에 모여 봉기할 시기와 방법을 결정하고 연락하던 중 발각되었다. 이때 이재하李載夏・이승보李承輔・이택하李澤夏 등이 일본경찰에 의해 검거되었다. 이날 밤 월산리・답내리 주민 200여 명이 고개넘어 마석우리 헌병주재소로 몰려가 검거된 인사 3명의 석방과 독립만세운동을 전개하였다.

이에 일본 헌병은 격화되어 가는 시위대의 기세를 꺾고자 무자비한 대응으로 맞섰고, 그 결과 다수의 사상자가 발생하는 참상으로 이어졌다. 당시 일본경찰의 발포로 이달용李達鎔・손복산孫福山・신영희申榮熙・유상규兪相奎・이교직李教稙 등은 그 자리에서 숨을 거두고, 이재혁李載赫・윤균尹均・강덕여姜德汝・윤정석尹丁石・원대현元大鉉 등은 중상을 입었다.

❖ 참고문헌

독립운동사편찬위원회,『독립운동사』2, 1971.

양주문화원,『양주군지』, 1978.

양주문화원,『양주군지』하, 1992.

이명찬李明燦(1905, 광무 9~?, 이명; 松雲, 性煥)

일제시기 독립운동가이며, 내동면(현 별내면) 출신이다.

1923년 노동청년회勞動青年會 집행위원으로 선출되는 등 국내에서 활발한 노동운동을 전개하였다. 일제의 탄압이 강도를 더하자 1924년 7월 만주 길림성吉林省 연길현延吉縣 노두구老頭溝로 망명한 후, 독립운동을 지속하였다.

❖ 참고문헌

조선총독부 경무국,『國外ニ於ケル容疑朝鮮人名簿』, 1934.
국가보훈처,『독립유공자공훈록』4, 1987.
양주문화원,『양주군지』하, 1992.
경기도사편찬위원회,『경기도 항일독립운동사』, 1995.

이보영 李輔永 (1890. 2. 12~1955. 4. 10)

　미금면 평내리(현 평내동) 출신으로, 일제시기 독립운동가이며, 농업에 종사했다.

　1919년 3월 1일부터 시작된 만세운동을 듣고서 조선독립의 열망을 품고 있던 중동리 구장인 이승익李昇翼의 연락을 받고 시위에 주도적으로 참여하였다. 3월 13일 이승익李昇翼의 주도 아래 동네 박모朴某 집 앞에 마을주민들이 모였을 때 함께 참여하였다. 이 자리에서 전국으로 확산되고 있는 독립만세시위를 저지할 목적으로 일본 총독 하세가와長谷川好道가 말단 기관장을 통하여 배포한 고유문을 이승익李昇翼이 낭독하였다. 그 내용은 "국민들은 쓸데없는 유언비어에 열중하여 되지도 않는 일에 광분하지 말라. 제국은 전승국이므로 일한합병에 관하여는 조금도 변경의 여지가 없다"는 것이었다. 이에 그 자리에 모여 있던 100여 명의 주민들은 야유를 퍼부으며 "우리는 만세를 부릅시다"라고 외치고 시위대를 형성하며 만세운동을 전개해나갔다. 이때 이승익李昇翼과 함께 시위대를 이끌었으며, 같은 마을에 거주하는 우보현禹輔鉉·정기섭鄭基燮·김영하金永夏·이석준李錫俊 등이 적극 가담하였다. 다음날인 14일에도 시위가 이어져 100여 명의 시위대와 함께 면사무소가 위치한 금곡리까지 '대한독립만세'를 소리 높여 외치며 행진하였다. 시위대가 금곡리로 가는 두 번째 고개에 이르렀을 때 일본인의 해산 권유를 받았으나, "무슨 소리냐, 2000만 동포가 조선의 독립을 기뻐해 만세를 부르는 것이 정당하지 않느냐" 하며 시위는 수그러들 기색이 없었다. 시위 후 일본 경찰에 체포, 주모자로 몰려 갖은 고초를 겪었다. 1919년 5월 8일 경성지방법원에서 징역 6개월 형을 선고받고 공소하였으나, 6월 28일 경성복심법원에서 공소 기각판결을 받았다. 다시 상고하였으나 8월 18일 고등법원에서 기각판결을 받고 형이 확정되어 복역하였다. 정부는 그의 공을 기려 1993년 대통령포창을 추서하였다.

❖ 참고문헌

독립운동사편찬위원회, 『독립운동사』 2, 1971.
독립운동사편찬위원회, 『독립운동사자료집』 5, 1972.
국가보훈처, 『독립유공자공훈록』 2, 1986.
양주문화원, 『양주군지』 하, 1992.
국가보훈처, 『독립유공자공훈록』 11, 1994.
경기도사편찬위원회, 『경기도 항일독립운동사』, 1995.
경기도사편찬위원회, 『내고장 경기도의 인물』 2, 2005.

이복현李福鉉(생몰년 미상)

화도면(현 화도읍) 출신으로, 일제시기 독립운동가이다.

1907년 선교사에 의해 월산교회가 세워지면서 월산교회에서는 배인학당을 세워 학생들에게 교육을 가르치고 있었다. 이때 김필규金弼圭는 교회와 학교의 지도자로서 이인하李麟夏·이택하李澤夏와 함께 서울에서의 3·1만세운동에 대한 소식을 듣고 마을의 지도자인 이달용李達鎔·이재하李載夏·이덕재李德在·이택주李宅周·유인명柳寅明·홍순철洪淳哲·윤태익尹泰益 등과 3월 16일 월산교회에 모여 봉기할 시기와 방법을 결정하고 연락하던 중 발각되었다. 이때 이재하李載夏·이승보李承輔·이택하李澤夏 등이 일본경찰에 의해 검거되었다. 이날 밤 월산리·답내리 주민 200여 명이 고개넘어 마석우리 헌병주재소로 몰려가 검거된 인사 3명의 석방과 독립만세운동을 전개하였다.

이에 일본 헌병은 격화되어 가는 시위대의 기세를 꺾고자 무자비한 대응으로 맞섰고, 그 결과 다수의 사상자가 발생하는 참상으로 이어졌다. 당시 일본경찰의 발포로 이달용李達鎔·손복산孫福山·신영희申榮熙·유상규兪相奎·이교직李敎稙 등은 그 자리에서 숨을 거두고, 이재혁李載赫·윤균尹均·강덕여姜德汝·윤정석尹丁石·원대현元大鉉 등은 중상을 입었다.

3월 19일 일본 경찰은 만세운동에 가담한 자를 체포하기 위하여 마석고개를 넘어왔는데 대다수 주민들은 피신을 하였으나 남궁우룡南宮又龍은 김필규金弼圭·이승면李承冕·강선원姜善遠·윤성준尹性俊·김원석金元石·권은權慇·이윤원李允遠 등의 동지들과 함께 연행되어 혹독한 고문을 받는 등 심한 고초를 겪었다.

이때 이복현은 다음날 새벽 동지들과 체포되어 23일간 구류를 당했다.

❖ 참고문헌

독립운동사편찬위원회, 『독립운동사』 2, 1971.
양주문화원, 『양주군지』, 1978.
양주문화원, 『양주군지』 하, 1992.

이부길李富吉(1899, 광무 3~?, 이명; 昌九)

미금면 수석리(현 수석동) 출신으로, 일제시기 독립운동가이다.

국내에서 사회주의운동가로 활약하다가 1929년 10월경 만주로 망명하였다. 한족연합회韓族聯合會를 주도적으로 이끌었으며, 재중청년동맹在中靑年同盟에도 참여하는 등 지속적인 활동을 펼쳤다.

❖ 참고문헌

조선총독부 경무국,『國外二於ケル容疑朝鮮人名簿』, 1934.

국가보훈처,『독립유공자공훈록』4, 1987.

양주문화원,『양주군지』하, 1992.

경기도사편찬위원회,『경기도 항일독립운동사』, 1995.

이석영 李石榮(1855~1934)

    독립운동가. 본관은 경주. 백사 이항복李恒福의 10세손이며 이유승李裕承의 6형제 중 둘째아들로서 규란 이유원李裕元에게 입양되어 남양주시 가곡리 임하려林下廬에서 살았다. 1910년 가장 먼저 독립운동에 뛰어든 동생인 우당 이회영李會榮(1867~1932)의 권유로 가곡리의 모든 땅과 재산을 처분하여 형 건영健榮(1853~1940), 동생 철영喆榮(1863~1925), 회영會榮, 시영始榮(1869~1953), 호영護榮(1875~1933) 등 6형제와 그의 가족들은 1910년 12월 30일 압록강을 건너 만주로 이주를 하였다. 당시 6형제가 가지고 간 돈은 엽전 26가마였으며 그 중 이석영李石榮은 가곡리의 소유전답 6,000석 토지를 매각하여 현금 40만 원(당시 쌀 1석은 3원이었음)을 내어놓아 가장 많은 액수였다.

    6형제는 제일 먼저 한인 자치기구인 경학사耕學社를 조직하고 국내에서 모여든 청년들에게 구국의 이념과 항일정신을 고취시켜 조국광복의 중견간부 양성을 목적으로 신흥강습소를 개소하였다. 이것이 바로 신흥무관학교의 전신이다. 1911년 4월 제1기 졸업생을 배출하니 변영태, 성준용, 김련 등 40명이다.

    신흥강습소의 본관과 사옥을 준공하고 1913년 신흥중학교로 개칭하고 군사반을 두었다. 1919년 중학교를 폐지하고 신흥무관학교로 개칭하니 1920년 폐교 때까지 10년간, 2,100명의 독립군을 배출하였으며 이들은 청산리 대첩 등 많은 전공을 세웠다.

이때 이석영의 큰아들 이규준李圭俊은 항일 독립운동가가 일제에
회유하고 변절하여 독립운동 진영에 피해를 주는 자들을 암살·체
포하는 '다물단'의 단장으로 활동하던 중 북경에서 암살되었다.
　신흥무관학교의 실질적 설립자 이석영은 가난에 지쳐 두부비지
로 연명하다가 굶어서 별세하였다. 가곡리에 이석영이 살던 임하
려林下廬의 터에는 노거수 은행나무만 서 있으며 원찰인 보광사普光
寺가 있다.

이석준 李錫俊 (1870. 4. 25 ~ 1946. 4. 17)

미금면 평내리(현 평내동) 출신으로, 일제시기 독립운동가이며, 농업에 종사했다.

1919년 3월 1일부터 시작된 만세운동을 듣고서 조선독립에 대한 의지를 품고 있던 중 동리 구장인 이승익李昇翼과 긴밀한 협조 하에 평내리 시위에 주도적으로 참여하였다. 3월 13일 이승익李昇翼의 주도하에 동네 박모朴某의 집 앞에 마을주민들이 모였을 때 함께 참여하였다. 이 자리에서 전국으로 확산되고 있는 독립만세시위를 저지할 목적으로 일본 총독 하세가와長谷川好道가 말단 기관장을 통하여 배포한 "국민들은 쓸데없는 유언비어에 열중하여 되지 않는 일에 광분하지 말라. 제국은 전승국이므로 일한합병에 관하여는 조금도 변경의 여지가 없다"라는 내용의 고유문을 이승익李昇翼이 낭독하였다. 이에 그 자리에 모여 있던 100여 명의 주민들은 야유를 퍼부으며 "우리는 만세를 부릅시다"라고 외치고 시위대를 형성하여 만세운동을 전개해나갔다. 이때 이승익李昇翼과 함께 시위대를 선도했으며, 이 외에 같은 마을에 거주하는 우보현禹輔鉉·정기섭鄭基燮·김영하金永夏·이보영李輔永 등이 시위행렬을 주도하였다. 다음날인 14일에도 시위가 이어져 100여 명의 시위대와 함께 면사무소가 위치한 금곡리까지 '대한독립만세'를 소리 높여 외치며 행진하였다. 시위대가 금곡리로 가는 두 번째 고개에 이르렀을 때 일본인의 해산 권유를 받았으나, "무슨 소리냐, 2000만 동포가 조선의 독립을 기뻐해 만세를 부르는 것이 정당하지 않느냐"고 항의하며 그 기세가 좀처럼 수그러들지 않았다. 특히 시위를 주도했던 인물 중에서 가장 크게 '조선독립만세'를 선창하며 군중의 가장 앞에 서서 시위를 이끌었다. 시위 후 일본 경찰에 체포, 주모자로 몰려 1919년 5월 8일 경성지방법원에서 징역 6개월 형을 선고받고 공소하였으나, 6월 28일 경성복심법원에서 공소 기각판결을 받았다. 다시 상고하였으나 8월 18일 고등법원에서 기각판결을 받고 형이 확정되어 복역하였다. 정부는 그의 공을 기려 1995년 대통령표창을 추서하였다.

❖ 참고문헌

독립운동사편찬위원회, 『독립운동사』 2, 1971.
독립운동사편찬위원회, 『독립운동사자료집』 5, 1972.
국가보훈처, 『독립유공자공훈록』 2, 1986.
양주문화원, 『양주군지』 하, 1992.
경기도사편찬위원회, 『경기도 항일독립운동사』, 1995.
국가보훈처, 『독립유공자공훈록』 13, 1996.
경기도사편찬위원회, 『내고장 경기도의 인물』 2, 2005.

이순재李淳載(1894, 고종 31∼1944)

　　진접면(현 진접읍) 부평리 소재 봉선사의 승려로, 일제시기 3·1운동에 참여한 독립운동가이며, 이명은 방남芳男이다.

　　일찍부터 손병희 등 민족대표들이 3·1독립선언 소식을 접했던 봉선사 승려 일부에서는 시위계획을 구체화하기로 의견을 모았다. 이때 같은 절의 승려인 김성암金星岩, 서울에서 약종상을 하는 김석로金錫魯 등과 함께 처음부터 주도면밀한 시위계획을 짜나갔다. 이순재李淳載는 김성암金星岩·김석로金錫魯와 함께 같은 해 3월 29일 국내외 정세 속에서 만세시위의 필요성과 구체적인 지침까지 담긴 문건을 제작하여, 부평리와 인근 일대의 주민들에게 배포하기로 하였다. 자신이 직접 발의하여 제작된 문건의 내용은 "지금 파리강화회의에서는 12개국을 독립국으로 만들 것을 결정하고 있는 모양이니, 조선도 이 기회에 극력 운동을 전개하여 독립의 목적을 달성하지 않으면 안 된다"는 다소 낙관적인 정세판단이 섞인 것으로 '조선독립단 임시사무소' 명의로 이루어진 것이었다. 김성암金星岩·김석로金錫魯 등과 함께 편집하여 사찰 경내의 서기실에서 200매를 제작, 완료하였다. 제작 이후 김석로金錫魯·강완수姜完洙 등과 함께 이 날 밤 9시부터 다음날 새벽 5시 사이에 부평리는 물론 인근의 진벌리·중촌리 등지의 각 민가에 격문을 살포하였다. 3월 31일 부평리 광릉천 일대에서 큰 시위가 전개된 것은 봉선사 승려들의 이러한 치밀한 계획에 절대적으로 힘입은 바 컸다. 이순재李淳載는 이후 다른 동지들과 함께 일본 경찰에 체포되어, 1919년 5월 19일 경성지방법원에서 징역 1년 6개월을 선고받고 공소하였으나, 7월 10일 경성복심법원에서 기각되었으며, 9월 11일 고등법원에서 형이 확정됨에 따라 복역하였다. 정부는 그 공을 기려 1986년 대통령표창을 추서하고, 1990년 건국훈장 애국장을 더했다.

❖ 참고문헌

독립운동사편찬위원회, 『독립운동사』 2, 1971.
독립운동사편찬위원회, 『독립운동사자료집』 5, 1972.
국가보훈처, 『독립유공자공훈록』 2, 1986.
양주문화원, 『양주군지』 하, 1992.
경기도사편찬위원회, 『경기도 항일독립운동사』, 1995.
경기도사편찬위원회, 『내고장 경기도의 인물』 3, 2005.

이승면李承冕(생몰년 미상)

화도면(현 화도읍) 출신으로, 일제시기 독립운동가이다.

1907년 선교사에 의해 월산교회가 세워지면서 월산교회에서는 배인학당을 세워 학생들에게 교육을 가르치고 있었다. 이때 김필규金弼圭는 교회와 학교의 지도자로서 이인하李麟夏・이택하李澤夏와 함께 서울에서의 3·1만세운동에 대한 소식을 듣고 마을의 지도자인 이달용李達鎔・이재하李載夏・이덕재李德在・이택주李宅周・유인명柳寅明・홍순철洪淳哲・윤태익尹泰益 등과 3월 16일 월산교회에 모여 봉기할 시기와 방법을 결정하고 연락하던 중 발각되었다. 이때 이재하李載夏・이승보李承輔・이택하李澤夏 등이 일본경찰에 의해 검거되었다. 이날 밤 월산리・답내리 주민 200여 명이 고개넘어 마석우리 헌병주재소로 몰려가 검거된 인사 3명의 석방과 독립만세운동을 전개하였다.

이에 일본 헌병은 격화되어 가는 시위대의 기세를 꺾고자 무자비한 대응으로 맞섰고, 그 결과 다수의 사상자가 발생하는 참상으로 이어졌다. 당시 일본경찰의 발포로 이달용李達鎔・손복산孫福山・신영희申榮熙・유상규兪相奎・이교직李敎稙 등은 그 자리에서 숨을 거두고, 이재혁李載赫・윤균尹均・강덕여姜德汝・윤정석尹丁石・원대현元大鉉 등은 중상을 입었다.

3월 19일 일본 경찰은 만세운동에 가담한 자를 체포하기 위하여 마석고개를 넘어왔는데 대다수 주민들은 피신을 하였으나 이승면

李承冕은 김필규金弼圭·남궁우룡南宮又龍·강선원姜善遠·윤성준尹性俊·
김원석金元石·권은權慇·이윤원李允遠 등의 동지들과 함께 연행되어
혹독한 고문을 받는 등 심한 고초를 겪었다.

❖ 참고문헌

김정명, 『조선독립운동』 1권 분책, 원서방, 1967.
독립운동사편찬위원회, 『독립운동사』 2, 1971.
국가보훈처, 『독립유공자공훈록』 2, 1986.
양주문화원, 『양주군지』 하, 1992.
경기도사편찬위원회, 『경기도 항일독립운동사』, 1995.

이승보李承輔(생몰년 미상)

화도면(현 화도읍) 출신으로, 일제시기 독립운동가이다.

1907년 선교사에 의해 월산교회가 세워지면서 월산교회에서는 배인학당을 세워 학생들에게 교육을 가르치고 있었다. 이때 김필규金弼圭는 교회와 학교의 지도자로서 이인하李麟夏·이택하李澤夏와 함께 서울에서의 3·1만세운동에 대한 소식을 듣고 마을의 지도자인 이달용李達鎔·이재하李載夏·이덕재李德在·이택주李宅周·유인명柳寅明·홍순철洪淳哲·윤태익尹泰益 등과 3월 16일 월산교회에 모여 봉기할 시기와 방법을 결정하고 연락하던 중 발각되었다. 이때 이승보李承輔는 이재하李載夏·이택하李澤夏와 함께 일본경찰에 의해 검거되었다. 이를 계기로 이날 밤 월산리·답내리 주민 200여 명이 고개넘어 마석우리 헌병주재소로 몰려가 검거된 인사 3명의 석방과 독립만세운동을 전개하였다.

이에 일본 헌병은 격화되어 가는 시위대의 기세를 꺾고자 무자비한 대응으로 맞섰고, 그 결과 다수의 사상자가 발생하는 참상으로 이어졌다. 당시 일본경찰의 발포로 이달용李達鎔·손복산孫福山·신영희申榮熙·유상규兪相奎·이교직李教稙 등은 그 자리에서 숨을 거두고, 이재혁李載赫·윤균尹均·강덕여姜德汝·윤정석尹丁石·원대현元大鉉 등은 중상을 입었다.

3월 19일 일본 경찰은 만세운동에 가담한 자를 체포하기 위하여 마석고개를 넘어왔는데 대다수 주민들은 피신을 하였으나 이승보

는 김필규金弼圭 · 남궁우룡南宮又龍 · 이승면李承冕 · 강선원姜善遠 · 윤성
준尹性俊 · 김원석金元石 · 권은權慇 · 이윤원李允遠 등의 동지들과 함께
연행되어 혹독한 고문을 받는 등 심한 고초를 겪었다.

❖ 참고문헌

김정명, 『조선독립운동』1권 분책, 원서방, 1967.
독립운동사편찬위원회, 『독립운동사』2, 1971.
양주문화원, 『양주군지』, 1978.
양주문화원, 『양주군지』하, 1992.

이승익 李昇翼(1875.12.20~1946.12.27) ─────────

　미금면 평내리(현 평내동) 출신으로, 일제시기 독립운동가이며, 농업에 종사하였고, 3·1운동 당시 마을 구장이었다.

　1919년 3월 1일부터 시작된 만세운동을 듣고서 평내리 일대의 시위운동을 치밀하게 계획했다. 동리 구장으로서 주민들로부터 신망을 받고 있던터라 그의 말이면 동네사람들이 순순히 따랐던 관계로, 3월 13일 동네 박모朴某의 집 앞에 마을주민들이 구장의 연락을 받고

이승익

모여들었다. 이 자리에서 그는 전국으로 확산되고 있는 독립만세 시위를 저지할 목적으로 일본 총독 하세가와長谷川好道가 말단 기관장을 통하여 배포한 고유문을 낭독하였다. 그 내용은 "국민들은 쓸데없는 유언비어에 열중하여 되지도 않는 일에 광분하지 말라. 제국은 전승국이므로 일한합병에 관하여는 조금도 변경의 여지가 없다"는 것이었다. 이에 그 자리에 모여 있던 100여 명의 주민들은 야유를 퍼부으며 "우리는 만세를 부릅시다"라고 외치고 시위대를 형성하며 만세운동을 전개해나갔다. 이러한 주민들의 자연발생적인

시위는 이를 예측하고 주민들을 소집한 그의 탁월한 지략 때문이라고 볼 수 있다. 그와 함께 시위대를 끌어갔던 인물은 같은 마을에 거주하는 우보현禹輔鉉·이보영李輔永·정기섭鄭基燮·김영하金永夏·이석준李錫俊 등이었다. 다음날인 14일에도 시위가 이어져 100여 명의 시위대와 함께 면사무소가 위치한 금곡리까지 '대한독립만세'를 소리높여 외치며 행진하였다. 시위대가 금곡리로 가는 두 번째 고개에 이르렀을 때 일본 헌병의 해산 권유를 받았으나, "무슨 소리냐, 이천만 동포가 조선의 독립을 기뻐해 만세를 부르는 것이 정당하지 않느냐"하며 시위는 수그러들 기색이 없었다. 이승익李昇翼은 시위행렬 맨 앞에서 "조선독립만세를 부르는 것이 정당하지 않느냐"라고 하며 만세운동을 처음부터 끝까지 이끌었다. 시위 후 일본 경찰에 체포, 주모자로 몰려 모진 고초를 겪었다. 1919년 5월 8일 경성지방법원에서 징역 10개월 형을 선고받고 공소하였으나, 6월 28일 경성복심법원에서 공소기각판결을 받았다. 다시 상고하였으나 8월 18일 고등법원에서 기각판결을 받고 형이 확정되어 복역하였다. 정부는 1995년 건국포장建國褒章을 내려 그 공을 기렸다.

❖ 참고문헌

독립운동사편찬위원회, 『독립운동사』 2, 1971.
독립운동사편찬위원회, 『독립운동사자료집』 5, 1972.
국가보훈처, 『독립유공자공훈록』 2, 1986.
양주문화원, 『양주군지』 하, 1992.
경기도사편찬위원회, 『경기도 항일독립운동사』, 1995.
국가보훈처, 『독립유공자공훈록』 13, 1996.
경기도사편찬위원회, 『내고장 경기도의 인물』 3, 2005.

이완재李完在(생몰년 미상)

화도면(현 화도읍) 출신으로, 일제시기 독립운동가이다.

1907년 선교사에 의해 월산교회가 세워지면서 월산교회에서는 배인학당을 세워 학생들에게 교육을 가르치고 있었다. 이때 김필규金弼圭는 교회와 학교의 지도자로서 이인하李麟夏·이택하李澤夏와 함께 서울에서의 3·1만세운동에 대한 소식을 듣고 마을의 지도자인 이달용李達鎔·이재하李載夏·이덕재李德在·이택주李宅周·유인명柳寅明·홍순철洪淳哲·윤태익尹泰益 등과 3월 16일 월산교회에 모여 봉기할 시기와 방법을 결정하고 연락하던 중 발각되었다. 이때 이재하李載夏·이승보李承輔·이택하李澤夏 등이 일본경찰에 의해 검거되었다. 이날 밤 월산리·답내리 주민 200여 명이 고개넘어 마석우리 헌병주재소로 몰려가 검거된 인사 3명의 석방과 독립만세운동을 전개하였다.

이에 일본 헌병은 격화되어 가는 시위대의 기세를 꺾고자 무자비한 대응으로 맞섰고, 그 결과 다수의 사상자가 발생하는 참상으로 이어졌다. 당시 일본경찰의 발포로 이달용李達鎔·손복산孫福山·신영희申榮熙·유상규兪相奎·이교직李教稙 등은 그 자리에서 숨을 거두고, 이재혁李載赫·윤균尹均·강덕여姜德汝·윤정석尹丁石·원대현元大鉉 등은 중상을 입었다.

3월 19일 일본 경찰은 만세운동에 가담한 자를 체포하기 위하여 마석고개를 넘어왔는데 대다수 주민들은 피신을 하였으나 김필규

金弼圭・남궁우룡南宮又龍・이승면李承冕・강선원姜善遠・윤성준尹性俊・김원석金元石・권은權慇・이윤원李允遠 등의 동지들과 함께 연행되어 혹독한 고문을 받는 등 심한 고초를 겪었다.

이완재李完在는 당시 많은 동지들과 함께 만세시위에 적극적으로 참여하였다.

❖ 참고문헌

독립운동사편찬위원회, 『독립운동사』 2, 1971.
양주문화원, 『양주군지』, 1978.
양주문화원, 『양주군지』 하, 1992.

이윤원李允遠(생몰년 미상)

화도면(현 화도읍) 출신으로, 일제시기 독립운동가이다.

1907년 선교사에 의해 월산교회가 세워지면서 월산교회에서는 배인학당을 세워 학생들에게 교육을 가르치고 있었다. 이때 김필규金弼圭는 교회와 학교의 지도자로서 이인하李麟夏·이택하李澤夏와 함께 서울에서의 3·1만세운동에 대한 소식을 듣고 마을의 지도자인 이달용李達鎔·이재하李載夏·이덕재李德在·이택주李宅周·유인명柳寅明·홍순철洪淳哲·윤태익尹泰益 등과 3월 16일 월산교회에 모여 봉기할 시기와 방법을 결정하고 연락하던 중 발각되었다. 이때 이재하李載夏·이승보李承輔·이택하李澤夏 등이 일본경찰에 의해 검거되었다. 이날 밤 월산리·답내리 주민 200여 명이 고개넘어 마석우리 헌병주재소로 몰려가 검거된 인사 3명의 석방과 독립만세운동을 전개하였다.

이에 일본 헌병은 격화되어 가는 시위대의 기세를 꺾고자 무자비한 대응으로 맞섰고, 그 결과 다수의 사상자가 발생하는 참상으로 이어졌다. 당시 일본경찰의 발포로 이달용李達鎔·손복산孫福山·신영희申榮熙·유상규兪相奎·이교직李敎稙 등은 그 자리에서 숨을 거두고, 이재혁李載赫·윤균尹均·강덕여姜德汝·윤정석尹丁石·원대현元大鉉 등은 중상을 입었다.

3월 19일 일본 경찰은 만세운동에 가담한 자를 체포하기 위하여 마석고개를 넘어왔는데 대다수 주민들은 피신을 하였으나 이윤원

李允遠은 김필규金弼圭·남궁우룡南宮又龍·이승면李承冕·강선원姜善遠·윤성준尹性俊·김원석金元石·권은權憖·이윤원李允遠 등의 동지들과 함께 연행되어 혹독한 고문을 받는 등 심한 고초를 겪었다.

❖ 참고문헌

김정명,『조선독립운동』1권 분책, 원서방, 1967.
독립운동사편찬위원회,『독립운동사』2, 1971.
국가보훈처,『독립유공자공훈록』2, 1986.
양주문화원,『양주군지』하, 1992.
경기도사편찬위원회,『경기도 항일독립운동사』, 1995.

이인하李麟夏(생몰년 미상)

일제시기 독립운동가이며, 화도면(현 화도읍) 마석모루 시위에 관여하였다.

1907년 선교사에 의해 월산교회가 세워지면서 월산교회에서는 배인학당을 세워 학생들에게 교육을 가르치고 있었다. 이때 이인하李麟夏는 교회와 학교의 지도자인 김필규金弼圭와 이택하李澤夏와 함께 서울에서의 3·1만세운동에 대한 소식을 듣고 마을의 지도자인 이달용李達鎔·이재하李載夏·이덕재李德在·이택주李宅周·유인명柳寅明·홍순철洪淳哲·윤태익尹泰益 등과 3월 16일 월산교회에 모여 봉기할 시기와 방법을 결정하고 연락하던 중 발각되었다. 이때 이재하李載夏·이승보李承輔·이택하李澤夏 등이 일본경찰에 의해 검거되었다. 이날 밤 월산리·답내리 주민 200여 명이 고개넘어 마석우리 헌병주재소로 몰려가 검거된 인사 3명의 석방과 독립만세운동을 전개하였다.

이에 일본 헌병은 격화되어 가는 시위대의 기세를 꺾고자 무자비한 대응으로 맞섰고, 그 결과 다수의 사상자가 발생하는 참상으로 이어졌다. 당시 일본경찰의 발포로 이달용李達鎔·손복산孫福山·신영희申榮熙·유상규兪相奎·이교직李教稙 등은 그 자리에서 숨을 거두고, 이재혁李載赫·윤균尹均·강덕여姜德汝·윤정석尹丁石·원대현元大鉉 등은 중상을 입었다.

3월 19일 일본 경찰은 만세운동에 가담한 자를 체포하기 위하여

마석고개를 넘어왔는데 대다수 주민들은 피신을 하였으나 이인하
李麟夏는 김필규金弼圭・이승면李承冕・강선원姜善遠・윤성준尹性俊・김
원석金元石・권은權懸・이윤원李允遠 등의 동지들과 함께 연행되어
혹독한 고문을 받는 등 심한 고초를 겪었다.

❖ 참고문헌

독립운동사편찬위원회,『독립운동사』2, 1971.
양주문화원,『양주군지』, 1978.
양주문화원,『양주군지』하, 1992.

이재봉李載鳳(생몰년 미상)

화도면(현 화도읍) 출신으로, 일제시기 독립운동가이다.

1907년 선교사에 의해 월산교회가 세워지면서 월산교회에서는 배인학당을 세워 학생들에게 교육을 가르치고 있었다. 이때 김필규金弼圭는 교회와 학교의 지도자로서 이인하李麟夏·이택하李澤夏와 함께 서울에서의 3·1만세운동에 대한 소식을 듣고 마을의 지도자인 이달용李達鎔·이재하李載夏·이덕재李德在·이택주李宅周·유인명柳寅明·홍순철洪淳哲·윤태익尹泰益 등과 3월 16일 월산교회에 모여 봉기할 시기와 방법을 결정하고 연락하던 중 발각되었다. 이때 이재하李載夏·이승보李承輔·이택하李澤夏 등이 일본경찰에 의해 검거되었다. 이날 밤 월산리·답내리 주민 200여 명이 고개넘어 마석우리 헌병주재소로 몰려가 검거된 인사 3명의 석방과 독립만세운동을 전개하였다.

이에 일본 헌병은 격화되어 가는 시위대의 기세를 꺾고자 무자비한 대응으로 맞섰고, 그 결과 다수의 사상자가 발생하는 참상으로 이어졌다. 당시 일본경찰의 발포로 이달용李達鎔·손복산孫福山·신영희申榮熙·유상규兪相奎·이교직李敎稙 등은 그 자리에서 숨을 거두고, 이재혁李載赫·윤균尹均·강덕여姜德汝·윤정석尹丁石·원대현元大鉉 등은 중상을 입었다.

이재봉李載鳳은 이때 일본 헌병의 발포로 부상을 입었다고 한다.

❖ 참고문헌

독립운동사편찬위원회, 『독립운동사』 2, 1971.

양주문화원, 『양주군지』, 1978.

양주문화원, 『양주군지』 하, 1992.

이재윤李載允(1849, 헌종 15～1911)

   한말의 의병장. 본관은 전주全州. 자는 성집聖執, 호는 미석渼石이다. 석실서원을 연원으로 한 최익현崔益鉉의 문인門人. 고종의 종척宗戚이다. 1877년(고종 14) 충량과에 급제하여 벼슬이 우승지에 이르렀으나, 세상이 어지러워지자 벼슬을 그만두고 사박한 선비로 자체하였다. 1905년 을사조약이 강제 체결되자 매국역적들을 참하자는 상소를 올렸다. 이듬해 스승인 최익현이 의거하였다가 일본군에 패하여 지도智島로 귀양갔다 온 뒤 다시 임병찬林炳瓚의 집에서 거사계획을 꾸미면서 후원하여주기를 부탁하자 곧 가재를 기울여 무기를 구입, 의병장이 되니 이에 따른 의병이 300여 명이었다. 양주군 설악산으로 집결할 때 일본군이 급습하므로 한강상류 연안 문호리에서 대치하다가 미금면 금곡리에서 교전하고 다시 광주군 서부면 송파장에서 결전을 전개하였으나 군량과 무기부족으로 패하였다. 1907년 3월 항일구국운동을 목적으로 북경北京을 방문하고, 위안스카이袁世凱로 하여금 구원병을 보내서 일제의 침략으로부터 우리나라를 구해주기를 요청하였지만, 위안스카이의 "중국도 망해가는 판에 그럴 여력이 없다"는 답변을 듣고 실망하여 이듬해 10월에 돌아왔다. 1910년 국권이 강탈되자 고향인 수석동으로 돌아왔는데, 연일 일제 헌병의 혹심한 압박과 조사에 격분하다가 이제껏 이룬 의거계획이 수포로 돌아가고 항일투쟁이 이루어지지 못하게 되자, 이듬해 7월 13일 나무에 목을 매어 자살을 기도하였다가 가족에 의해 발견되었으나 다음날 새벽 죽었다. 1977년 건국훈장 국민장이 추서되었다. 수석동에 묘소가 있다.

❖ 참고문헌

김승학, 『한국독립사』, 독립문화사, 1965.
독립운동사편찬위원회, 『독립운동사』 1, 1970.
독립운동사편찬위원회, 『독립운동사자료집』 2, 1970.
독립운동사편찬위원회, 『독립운동사』 7, 1976.

이재일 李載日 (1876, 고종 13~?)

　진접면(현 진접읍) 부평리 출신으로, 일제시기 독립운동가이며, 농업에 종사했다.

　1919년 전국에서 3·1운동의 열기가 뜨거웠던 3월 29일 밤부터 다음날 새벽까지 부평리 일대에 '조선독립단 임시사무소' 명의의 격문이 살포된 적이 있었다. 이 격문은 부평리 소재 봉선사 승려 김성숙·이순재李淳載·강완수姜完洙, 약종상인 김석로金錫魯가 주변 일대에 만세열기를 확산시키고자 제작한 것으로, "거주하는 동리 주민 일동이 모여 광릉천 강가에서 독립만세를 부르자"는 내용이 담겨 있었다. 이재일李載日은 29일 밤 격문을 받아본 후 부평리 일대의 시위계획을 맨 처음으로 결의하고 구체화시킨 장본인이었다. 이후 당일 밤에서 30일 사이 광릉천 일대의 시위계획을 세우면서 자신과 뜻을 같이하는 최영갑崔永甲·최대봉崔大奉·양삼돌梁三乭·유희상柳熙庠·박석몽朴石夢·이홍록李興錄 등을 규합할 수 있었다. 이들과 함께 3월 31일 시위장소로 약속한 광릉천변에 나가 자갈바닥에 집결한 수백 명의 주민들을 선도하고 '대한독립만세'를 외쳤다. 그러나 계속해서 시위행진을 전개하다가 출동한 일본 헌병들에 의해 해산되고 말았다. 이재일李載日은 시위주도 혐의로 체포되어, 1919년 5월 2일 징역 1년을 선고받았고, 공소하였으나 6월 19일 경성복심법원에서 기각되었다. 다시 상고하였으나 7월 31일 고등법원에서 형이 확정되어 복역하였다. 이러한 독립운동 공로를 인정받아 정부는 1986년 대통령표창에 이어 1990년 건국훈장 애족장을 추서했다.

❖ 참고문헌

김정명, 『조선독립운동』 1권 분책, 원서방, 1967.
독립운동사편찬위원회, 『독립운동사』 2, 1971.
독립운동사편찬위원회, 『독립운동사자료집』 5, 1972.
국가보훈처, 『독립유공자공훈록』 2, 1986.
양주문화원, 『양주군지』 하, 1992.
경기도사편찬위원회, 『경기도 항일독립운동사』, 1995.
경기도사편찬위원회, 『내고장 경기도의 인물』 3, 2005.

이재하李載夏(생몰년 미상)

화도면(현 화도읍) 출신으로, 일제시기 독립운동가이다.

1907년 선교사에 의해 월산교회가 세워지면서 월산교회에서는 배인학당을 세워 학생들에게 교육을 가르치고 있었다. 이때 김필규金弼圭·이인하李麟夏·이택하李澤夏와 함께 서울에서의 3·1만세운동에 대한 소식을 듣고 만세운동을 모의하자 이재하李載夏는 마을의 지도자인 이달용李達鎔·이덕재李德在·이택주李宅周·유인명柳寅明·홍순철洪淳哲·윤태익尹泰益 등과 3월 16일 월산교회에 모여 봉기할 시기와 방법을 결정하고 연락하던 중 발각되었다. 이때 이재하李載夏는 이승보李承輔·이택하李澤夏 등과 함께 일본경찰에 의해 검거되었다. 이날 밤 월산리·답내리 주민 200여 명이 고개넘어 마석우리 헌병주재소로 몰려가 검거된 인사 3명의 석방과 독립만세운동을 전개하였다.

이에 일본 헌병은 격화되어 가는 시위대의 기세를 꺾고자 무자비한 대응으로 맞섰고, 그 결과 다수의 사상자가 발생하는 참상으로 이어졌다. 당시 일본경찰의 발포로 이달용李達鎔·손복산孫福山·신영희申榮熙·유상규兪相奎·이교직李敎稙 등은 그 자리에서 숨을 거두고, 이재혁李載赫·윤균尹均·강덕여姜德汝·윤정석尹丁石·원대현元大鉉 등은 중상을 입었다.

3월 19일 일본 경찰은 만세운동에 가담한 자를 체포하기 위하여 마석고개를 넘어왔는데 대다수 주민들은 피신을 하였으나 이재하

李載夏는 남궁우룡南宮又龍·김필규金弼圭·이승면李承冕·강선원姜善遠·
윤성준尹性俊·김원석金元石·권은權愍·이윤원李允遠 등의 동지들과
함께 연행되어 혹독한 고문을 받는 등 심한 고초를 겪었다.

❖ 참고문헌

김정명, 『조선독립운동』 1권 분책, 원서방, 1967.
독립운동사편찬위원회, 『독립운동사』 2, 1971.
양주문화원, 『양주군지』, 1978.
국가보훈처, 『독립유공자공훈록』 2, 1986.
양주문화원, 『양주군지』 하, 1992.

이재혁李載赫(생몰년 미상)

화도면(현 화도읍) 출신으로, 일제시기 독립운동가이다.

1907년 선교사에 의해 월산교회가 세워지면서 월산교회에서는 배인학당을 세워 학생들에게 교육을 가르치고 있었다. 이때 김필 규金弼圭는 교회와 학교의 지도자로서 이인하李麟夏 · 이택하李澤夏와 함께 서울에서의 3 · 1만세운동에 대한 소식을 듣고 마을의 지도자 인 이달용李達鎔 · 이재하李載夏 · 이덕재李德在 · 이택주李宅周 · 유인명柳 寅明 · 홍순철洪淳哲 · 윤태익尹泰益 등과 3월 16일 월산교회에 모여 봉기할 시기와 방법을 결정하고 연락하던 중 발각되었다. 이때 이 재하李載夏 · 이승보李承輔 · 이택하李澤夏 등이 일본경찰에 의해 검거 되었다. 이날 밤 월산리 · 답내리 주민 200여 명이 고개넘어 마석우 리 헌병주재소로 몰려가 검거된 인사 3명의 석방과 독립만세운동 을 전개하였다.

이에 일본 헌병은 격화되어 가는 시위대의 기세를 꺾고자 무자비 한 대응으로 맞섰고, 그 결과 다수의 사상자가 발생하는 참상으로 이어졌다. 당시 일본경찰의 발포로 이달용李達鎔 · 손복산孫福山 · 신 영희申榮熙 · 유상규兪相奎 · 이교직李教稙 등은 그 자리에서 숨을 거 두었고, 이재혁李載赫은 윤균尹均 · 강덕여姜德汝 · 윤정석尹丁石 · 원대 현元大鉉 등과 함께 중상을 입었다.

❖ 참고문헌

독립운동사편찬위원회, 『독립운동사』 2, 1971.
양주문화원, 『양주군지』, 1978.
양주문화원, 『양주군지』 하, 1992.
경기도사편찬위원회, 『경기도 항일독립운동사』, 1995.

이정성 李正成(1878, 고종 15~1948)

　와부면 송촌리(현 조안면 송촌리) 출신으로, 일제시기 독립운동가
이다. 농업에 종사했으며 기독교인이다.

　옛 배나무 용진부락인 송촌리에 3·1만세운동 소식이 전달되기는
당시 서울 경신학교敬新學校 3학년 학생인 이종호李鍾浩(1894~1970) 학
생으로부터 3월 7일 서울에서의 손병희 등에 의한 조선독립의 선
언 소식이 전달됨으로써 비롯되었다. 이때에 이정성李正成은 김춘
경金春經·김현모金顯模·김정하金正夏 등과 같이 1914년 용진교회龍
津敎會가 주동이 되어 건립한 사립 경진학교敬進學校의 교사 그리고

독립유공자 이정성 묘소

교회청년들이 거사 준비에 착수하였으니 경진학교에서 태극기를 제작하고 3월 14일 경진학교에 모여 거사일을 3월 15일로 결정하였다.

이튿날 아침 이정성李正成은 김춘경金春經·김현모金顯模 등과 함께 송촌리에 100여 명의 인근 동리 사람들을 집결시키는 한편 역시 같은 마을사람인 김덕여金德汝·이갑동李甲同·오성준吳成俊·이정운李正雲·이건흥李建興 등의 동지들도 규합했다. 이들과 함께 구한국 국기를 흔들고 '조선독립만세'를 부르면서 마을을 지나 덕소리로 향했다. 행진 도중 전태현全泰鉉·박경식朴景植·이내안李乃安·박수만朴壽萬 등의 동지가 합류하는 등 시위대 숫자가 수백 명으로 순식간에 불어났고 그 기세는 하늘을 찌를 듯했다. 이들과 함께 다시 행진하여 조안리까지 나가는 등 와부면 일대 곳곳에서 만세운동을 주도적으로 이끌었다. 시위과정에서 일본 경찰과 충돌하여 헌병주재소를 습격하는 등 시위양상은 폭력투쟁으로 발전하여, 일본 헌병의 발포로까지 이어졌다. 시위주도 혐의로 체포되어, 1919년 4월 25일 경성지방법원에서 보안법 위반혐의로 1년 6개월 형을 선고받고, 경성복심법원을 거쳐 1919년 7월 5일 고등법원에서 형이 확정됨에 따라 복역하였다. 정부에서는 그 공을 기리어 1968년 3월 1일 대통령표창을 추서하였다. 이어 1990년에 건국훈장 애족장을 더했다.

❖ 참고문헌

판결문(1919.4.25, 경성지방법원).
판결문(1919.5.31, 경성복심법원).
판결문(1919.7.5, 고등법원).
독립운동사편찬위원회, 『독립운동사』 2, 1971.
독립운동사편찬위원회, 『독립운동사자료집』 5, 1972.

경기도 교육위원회,『우리고장 독립운동공훈사』, 1978.
국가보훈처,『독립유공자공훈록』 2, 1986.
양주문화원,『양주군지』 하, 1992.
경기도사편찬위원회,『경기도 항일독립운동사』, 1995.
경기도사편찬위원회,『내고장 경기도의 인물』 3, 2005.

이정운李正雲(1884.9.27~1960.12.29, 이명; 奉千)

이정운

와부면 송촌리(현 조안면 송촌리) 출신으로, 일제시기 독립운동가이며, 농업에 종사했고, 기독교인이다.

이정운은 1919년 3월 15일 이정성李正成·김현모金顯模·김정하金正夏 등이 주도한 와부면 일대 시위에 김덕여金德汝·정일성鄭一成·이갑동李甲同·오성준吳成俊·김덕오金德五·이정운李正雲·김윤경金允京·이건흥李建興 등과 함께 동참하였다. 이들과 함께 송촌리 일대에 집결한 시위군중을 선도하면서, 덕소리로 시위대를 이끌었다. 이곳에서도 전태현全泰鉉·김현유金鉉有·박경식朴景植 등 동지들이 합류하였고, 다시 시위대와 함께 조안리로 향했다. 시위 과정에서 헌병주재소를 습격하는 과격한 투쟁양상으로까지 발전하여 출동한 일본 헌병과 잦은 충돌을 빚었다. 시위주도 혐의로 체포되어 1919년 4월 25일 경성지방법원에서 보안법 위반혐의로 8개월 형을 선고받았다. 이후 경성복심법원을 거쳐 1919년 7월 5일 고등법원에서 형이 확정됨에 따라 복역하였다. 그 공훈을 인정받아 정부는 1993년 8월 15일 대통령표창을 추서하였다.

❖ 참고문헌

판결문(1919.4.25, 경성지방법원).

판결문(1919.5.31, 경성복심법원).

판결문(1919.7.5, 고등법원).

독립운동사편찬위원회, 『독립운동사』 2, 1971.

독립운동사편찬위원회, 『독립운동사자료집』 5, 1972.

국가보훈처, 『독립유공자공훈록』 2, 1986.

양주문화원, 『양주군지』 하, 1992.

국가보훈처, 『독립유공자공훈록』 11, 1994.

경기도사편찬위원회, 『경기도 항일독립운동사』, 1995.

이종갑李鍾甲(생몰년 미상)

진건면 오남리(현 오남면 오남리) 출신으로, 일제시기 독립운동가이다.

1919년 3월 전국 방방곡곡에서 3·1운동이 전개되자, 이종갑은 3월 29일 오남리에서 같은 마을사람인 나상규羅相奎·손삼남孫三男·엄본성嚴本成·여원필呂元弼·권노적權魯赤·한백석韓白石 등과 함께 주민들을 선도하고 만세시위를 벌였다.

❖ 참고문헌

독립운동사편찬위원회,『독립운동사』2, 1971.
국가보훈처,『독립유공자공훈록』2, 1986.
양주문화원,『양주군지』하, 1992.
경기도사편찬위원회,『경기도 항일독립운동사』, 1995.

이태하李澤夏(생몰년 미상)

화도면(현 화도읍) 출신으로, 일제시기 독립운동가이다.

1907년 선교사에 의해 월산교회가 세워지면서 월산교회에서는 배인학당을 세워 학생들에게 교육을 가르치고 있었다. 이때 김필규金弼圭는 교회와 학교의 지도자로서 이인하李麟夏·이택하李澤夏와 함께 서울에서의 3·1만세운동에 대한 소식을 듣고 마을의 지도자인 이달용李達鎔·이재하李載夏·이덕재李德在·이택주李宅周·유인명柳寅明·홍순철洪淳哲·윤태익尹泰益 등과 3월 16일 월산교회에 모여 봉기할 시기와 방법을 결정하고 연락하던 중 발각되었다. 이때 이택하李澤夏는 이재하李載夏·이승보李承輔 등과 함께 일본경찰에 의해 검거되었다. 이를 계기로 하여 이날 밤 월산리·답내리 주민 200여 명이 고개넘어 마석우리 헌병주재소로 몰려가 검거된 인사 3명의 석방과 독립만세운동을 전개하였다.

이에 일본 헌병은 격화되어 가는 시위대의 기세를 꺾고자 무자비한 대응으로 맞섰고, 그 결과 다수의 사상자가 발생하는 참상으로 이어졌다. 당시 일본경찰의 발포로 이달용李達鎔·손복산孫福山·신영희申榮熙·유상규兪相奎·이교직李敎稙 등은 그 자리에서 숨을 거두고, 이재혁李載赫·윤균尹均·강덕여姜德汝·윤정석尹丁石·원대현元大鉉 등은 중상을 입었다.

3월 19일 일본 경찰은 만세운동에 가담한 자를 체포하기 위하여 마석고개를 넘어왔는데 대다수 주민들은 피신을 하였으나 이택하는 김필규金弼圭·남궁우룡南宮又龍·이승면李承冕·강선원姜善遠·윤성준尹性俊·김원석金元石·권은權憖·이윤원李允遠 등의 동지들과 함께 연행되어 혹독한 고문을 받는 등 심한 고초를 겪었다.

❖ 참고문헌

김정명, 『조선독립운동』 1권 분책, 원서방, 1967.
독립운동사편찬위원회, 『독립운동사』 2, 1971.
양주문화원, 『양주군지』, 1978.
양주문화원, 『양주군지』 하, 1992.
경기도사편찬위원회, 『경기도 항일독립운동사』, 1995.

이학봉李學奉(생몰년 미상)

　　화도면(현 화도읍) 출신으로, 일제시기 독립운동가이다.

　　1907년 선교사에 의해 월산교회가 세워지면서 월산교회에서는 배인학당을 세워 학생들에게 교육을 가르치고 있었다. 이때 김필규金弼圭는 교회와 학교의 지도자로서 이인하李麟夏・이택하李澤夏와 함께 서울에서의 3・1만세운동에 대한 소식을 듣고 마을의 지도자인 이달용李達鎔・이재하李載夏・이덕재李德在・이택주李宅周・유인명柳寅明・홍순철洪淳哲・윤태익尹泰益 등과 3월 16일 월산교회에 모여 봉기할 시기와 방법을 결정하고 연락하던 중 발각되었다. 이때 이재하李載夏・이승보李承輔・이택하李澤夏 등이 일본경찰에 의해 검거되었다. 이날 밤 월산리・답내리 주민 200여 명이 고개넘어 마석우리 헌병주재소로 몰려가 검거된 인사 3명의 석방과 독립만세운동을 전개하였다.

　　이에 일본 헌병은 격화되어 가는 시위대의 기세를 꺾고자 무자비한 대응으로 맞섰고, 그 결과 다수의 사상자가 발생하는 참상으로 이어졌다. 당시 일본경찰의 발포로 이달용李達鎔・손복산孫福山・신영희申榮熙・유상규兪相奎・이교직李敎稙 등은 그 자리에서 숨을 거두고, 이재혁李載赫・윤균尹均・강덕여姜德汝・윤정석尹丁石・원대현元大鉉 등은 중상을 입었다.

　　3월 19일 일본 경찰은 만세운동에 가담한 자를 체포하기 위하여 마석고개를 넘어왔는데 대다수 주민들은 피신을 하였으나 김필규

金弼圭・남궁우룡南宮又龍・이승면李承冕・강선원姜善遠・윤성준尹性俊・김원석金元石・권은權憖・이윤원李允遠 등의 동지들과 함께 연행되어 혹독한 고문을 받는 등 심한 고초를 겪었다.

이학봉李學奉은 이때 동지들과 함께 체포되어 수개월간 옥고를 치렀다.

❖ 참고문헌

독립운동사편찬위원회,『독립운동사』2, 1971.
양주문화원,『양주군지』, 1978.
양주문화원,『양주군지』하, 1992.

이한석李漢錫(생몰년 미상)

    화도면(현 화도읍) 출신으로, 일제시기 독립운동가이다.

    1907년 선교사에 의해 월산교회가 세워지면서 월산교회에서는 배인학당을 세워 학생들에게 교육을 가르치고 있었다. 이때 김필규金弼圭는 교회와 학교의 지도자로서 이인하李麟夏·이택하李澤夏와 함께 서울에서의 3·1만세운동에 대한 소식을 듣고 마을의 지도자인 이달용李達鎔·이재하李載夏·이덕재李德在·이택주李宅周·유인명柳寅明·홍순철洪淳哲·윤태익尹泰益 등과 3월 16일 월산교회에 모여 봉기할 시기와 방법을 결정하고 연락하던 중 발각되었다. 이때 이재하李載夏·이승보李承輔·이택하李澤夏 등이 일본경찰에 의해 검거되었다. 이날 밤 월산리·답내리 주민 200여 명이 고개넘어 마석우리 헌병주재소로 몰려가 검거된 인사 3명의 석방과 독립만세운동을 전개하였다.

    이에 일본 헌병은 격화되어 가는 시위대의 기세를 꺾고자 무자비한 대응으로 맞섰고, 그 결과 다수의 사상자가 발생하는 참상으로 이어졌다. 당시 일본경찰의 발포로 이달용李達鎔·손복산孫福山·신영희申榮熙·유상규兪相奎·이교직李敎稙 등은 그 자리에서 숨을 거두고, 이재혁李載赫·윤균尹均·강덕여姜德汝·윤정석尹丁石·원대현元大鉉 등은 중상을 입었다.

    이한석李漢錫은 이때 일본 헌병의 발포로 부상을 입었다.

❖ 참고문헌

독립운동사편찬위원회, 『독립운동사』 2, 1971.

양주문화원, 『양주군지』, 1978.

양주문화원, 『양주군지』 하, 1992.

이현상 李賢相(생몰년 미상)

독립유공자로서 1977년 11월에 건국포장建國褒章을 받았다. 도농동 31번지에 유족이 있다.

이흥록李興錄(1853, 철종 4~?)

진접면(현 진접읍) 부평리 출신으로, 일제시기 독립운동가이며,[1] 농업에 종사했다.

1919년 3월 29일 밤, 부평리와 주변 마을 일대에 "거주하는 동리의 주민 일동이 모여 광릉천 강가에서 독립만세를 부르자"는 내용이 담긴 격문이 광범위하게 살포되었다. 당일 밤 격문을 받아 본 마을주민 이재일李載日이 29일 밤에서 30일 사이에 주민 일부와 함께 광릉천 일대의 시위계획을 세울 때, 이에 적극적으로 가담한 인사 중 한명이었다. 3월 31일 시위를 결정한 이재일李載日·최영갑崔永甲·최대봉崔大奉·유희상柳熙庠·박석몽朴石夢·최대복崔大福 등과 함께 당일 광릉천에 모인 6백여 명의 주민들 사이에서 독립만세를 부르며 시위대를 선도해나갔다. 기세에 놀란 일본 헌병의 출동으로 시위대는 해산될 수밖에 없었다. 이흥록李興錄은 다른 동지들과 함께 일본 경찰에 체포되어 1919년 5월 2일 징역 6개월 형을 선고받고, 공소하였으나 6월 19일 경성복심법원에서 징역 3개월 형에 집행유예 1년을 선고받았다. 이후 집행유예가 취소됨에 따라 1919년 11월 18일 징역 3개월 형에 처해졌다. 이는 집행유예 기간 중에도 일제에 대한 저항의지를 굽히지 않았기 때문으로 보인다. 광릉

---

1) 이흥록의 이름이 독립운동사편찬위원회, 『독립운동사자료집』 5, 1972, 301쪽에는 李興錄으로 되어 있으나 독립운동사편찬위원회, 『독립운동사』 2, 1971, 145쪽에는 李興祿으로 달리 기재되어 있다. 여기서 일제의 재판기록과 공훈록 등을 근거로 李興錄이 정확한 성명임을 밝힌다.

천 시위 당시 60대 후반의 나이로서 3·1운동에 참여하여 체포, 재판을 받은 남양주 출신 인사 중 최고령자였음에도 불구하고 처음부터 끝까지 항일의지를 강건하게 표출한 대표적인 인물이었다.

정부는 고인의 공을 기려 2002년에 대통령표창을 추서하였다.

❖ 참고문헌

김정명, 『조선독립운동』 1권 분책, 원서방, 1967.

독립운동사편찬위원회, 『독립운동사』 2, 1971.

독립운동사편찬위원회, 『독립운동사자료집』 5, 1972.

국가보훈처, 『독립유공자공훈록』 2, 1986.

양주문화원, 『양주군지』 하, 1992.

경기도사편찬위원회, 『경기도 항일독립운동사』, 1995.

국가보훈처, 『독립유공자공훈록』 15, 2003.

경기도사편찬위원회, 『내고장 경기도의 인물』 3, 2005.

장세국張世國(생몰년 미상)

　장세국張世國은 평안북도 용천군 부옥면 북겸동에서 태어났다. 우리나라가 일제침략으로 어려워지자 중국으로 건너갔다. 그는 1943년 7월 말에 중국의 산동성山東省 제남시濟南市에서 제남濟南중학교에 재학하고 있었다. 이때는 일제가 중국은 물론 태평양전쟁을 일으켜 동남아의 각 국가를 침략하여 전투지역이 대단히 넓혀져 있었다. 일제가 1941년 12월 8일 태평양전쟁을 일으킨 다음날인 9일에 대한민국 임시정부는 일본에 대하여 선전포고를 하여 일제와 싸웠다.

　이리하여 우리 민족은 세계의 모든 지역에서 침략자인 일제와 싸우면서 우리의 독립운동을 펴나가고 있었다. 임시정부에서도 일제와 싸우기 위하여 광복군을 모집하고 있었다. 이때 장세국은 중학교 재학 중에 한국광복군 초모위원회招募委員會의 지하공작책인 윤창호尹昌浩와 접선하게 되었다. 이때부터 장세국은 김학규金學奎장군의 명의로 된 제남지역 학생지하공작책의 임명장을 받았다. 이때부터 그는 제남시 내에 흩어져 있는 학생들을 대상으로 반일운동을 전개하라는 반일운동을 전개하라는 지시를 받고 활동을 시작하였다.

　장세국은 중국계 학생들을 포섭하여 비밀리에 벽보와 전단을 만들어 배포했는데, 이때 배포한 삐라의 내용은 다음과 같다.

① 왜군은 즉각 일본국으로 철수하라.

② 중국인은 재산의 약탈과 살인을 중지하라.

③ 부녀자를 강간하는 야만적 행위를 중지하라.

④ 대동아공영이란 미명하게 자행되는 침략행위를 중지하라.

⑤ 전 중국인은 단결하여 반일항전에 적극 가담하여 최후까지 투쟁한다.

⑥ 왜군에 협력하는 반민족 변절자는 전 중국인의 이름으로 규탄한다.

또 한편으로는 청조青鳥중학교에 다니는 백운룡白雲龍·김경윤金景潤 등과 서로 긴밀하게 연락하여 활약 중에 1944년 4월 신입생 환영식 날을 기해 청조중학교와 제남중학교에 일제히 일어나 반일시위운동을 전개하였다. 학생들은 일본영사관을 가면서 위에서 말한 구호를 외치면서 시위행진을 감행하였다. 이때 일본 헌병과 충돌이 있었고 사태는 험악해졌다. 그러자 일본 관헌은 주모자를 색출에 나섰고 장세국은 이를 피해 북경으로 갔다. 그곳에서 1944년 7월에 김동훈金東勳과 이득영李得榮을 중국화평군사령부의 옥소장玉小將의 소개로 알게 되었다. 그들 역시 한국광복군의 지하공작원이었다. 이때 장세국은 주로 북경시 내에 주둔한 일본군부대의 동태와 군수물자의 이동상황을 탐지하는 일을 하고 있었다. 이를 위해 그는 근로봉사대원으로 가장하여 부대 내의 기밀을 김동훈과 옥소장에게 보고했다. 뿐만 아니라 장세국은 1945년 2월 황해도에서 징병을 기피하여 북경으로 탈출한 김우환金祐煥·김석호金碩虎 두 사람을 광복군화북지구 지하공작책 김광언金光彦에게 연결시켜 주었다.

또한 김동훈金東勳과 함께 1945년 3월 북경 시내 광복극장의 폭파사건을 일으키기도 했다. 그 후 일제의 심한 감시로 인하여 지하운동이 어려워지자 김광언의 지시에 따라 일제 관헌을 피하여 연락책인 윤용호尹龍虎의 안내로 천진天津에서 김찬식金燦植과 합류하여 서주徐州에서 백순보白淳甫·박용운朴龍雲·백여준白汝俊 등과 합류하였다. 이미 판에 와있는 김우환金祐煥·김석호金碩虎 등과 같이 양본대陽本隊로 가서 김용희金龍熙·박동환朴東煥 등과 합류하였다. 이후 광복군 제3지대 전방연락책인 김국주金國柱 동지의 인솔 하에 1945년 4월 14일 지대본부支隊本部에 귀대하였다. 그 후 간부훈련을 마치고 국내정진대國內挺進隊 파괴반에 뽑혀 곤명미昆明美 OSS전략본부에서 특수훈련을 받기위해 출발하려고 준비 중일 때 광복을 맞이하였다. 1945년 9월 예소완豫蘇完 지구의 군사특파단에 배속되어 우리 동포의 생명과 재산을 보호하였다. 그 후 김학규金學奎 장군 경호장교로 복무하다가 1946년 5월에 귀국하였다.

이같은 공에 의하여 1963년 8월 13일 대통령표창을 추서받았으며 현재는 별내면 광전리에 살고 있다.

전태현全泰鉉(1888, 고종 25~?)

와부면 송촌리(현 조안면 송촌리) 출신으로, 일제시기 독립운동가이며, 농업에 종사했다.

와부면 일대의 만세시위는 1919년 3월 15일 이정성李正成·김춘경金春經·김현모金顯模 등의 주도로 시작되었다. 당일 송촌리 일대에 시위군중이 몰려들었고 이들을 선도할 많은 동지들도 속속 나타났다. 순식간에 시위대는 수백 명으로 불어났고 기세를 모아 덕소리로 향했는데, 이 과정에서 김현유金鉉有·박경식朴景植·문광채文光彩·이내안李乃安·박수만朴壽萬 등과 함께 시위에 합류하여 선두를 이끌었다. 시위대와 함께 조선독립만세를 외치면서 조안리 방향으로 향했다. 기세가 오른 시위대는 헌병주재소를 습격하는 등 폭력적인 양상을 보였고, 이에 일본 헌병은 발포까지 하면서 시위대를 적극 저지하였다. 전태현全泰鉉은 체포되어 1919년 4월 25일 경성지방법원에서 보안법 위반혐의로 8개월 형을 선고받고, 경성복심법원을 거쳐 7월 5일 고등법원에서 형이 확정됨에 따라 복역하였다.

❖ 참고문헌

판결문(1919.4.25, 경성지방법원).
판결문(1919.5.31, 경성복심법원).

판결문(1919.7.5, 고등법원).

독립운동사편찬위원회, 『독립운동사』 2, 1971.

독립운동사편찬위원회, 『독립운동사자료집』 5, 1972.

국가보훈처, 『독립유공자공훈록』 2, 1986.

양주문화원, 『양주군지』 하, 1992.

경기도사편찬위원회, 『경기도 항일독립운동사』, 1995.

정규식鄭奎植(1892, 고종 29~?)

와부면 송촌리(현 조안면 송촌리) 출신으로, 일제시기 독립운동가이며[1] 경신학교儆新學校를 졸업하였고, 직업은 미곡상米穀商이다.

1919년 3·1운동의 열기가 다소 수그러들던 11월경 이종욱李種郁·한위건韓偉健 등과 제2의 독립선언을 발표하기로 계획을 세웠다. 먼저 조선이 독립국임을 선포하는 내용의 「선언서」를 작성한 후, 의친왕義親王 이강李堈·김가진金嘉鎭 등 27명의 대한민족대표와 함께 서명하였다. 독립선언식과 시위는 11월 27일 서울의 중심부인 광화문 광장에서 전개하기로 하였고, 이 계획은 서울의 많은 학교 학생들에게 널리 전파되었다. 11월 27일 오후 동지들과 함께 서울 일대에 「선언서」를 배포하였다. 이어 시위를 펼치려 하였으나, 사전에 정보를 입수한 일본 경찰의 경비로 인해 원천봉쇄되었다. 그러나 여기에 좌절하지 않고, 다음날인 11월 28일 서울시내 안국동 광장에서 시위를 단행하여, 이신애李信愛·김종진金鐘振·박정선朴貞善 등과 함께 백목면白木綿에 '대한독립만세'라고 묵서墨書한 깃발을 들고 독립만세를 선창하였다. 이들의 시위주도로 200여 군중이 순식간에 모여들어 시위를 벌였으나 해산당했다. 정규식鄭奎植은 현장에서 동지 3명과 함께 일본 경찰에 체포되어 종로경찰서로 연행되었다가 경성지방법원에서 재판을 받았다.

---

1) 양주문화원, 『양주군지』하, 1992, 955~956쪽에 정규식의 생년이 1882년으로 기록되어 있다. 일제의 재판기록에 나타난 것을 토대로 1892년으로 바로잡는다.

제2독립선언서第二獨立宣言書

半萬年歷史의 權威와 二千萬民衆의 誠哀으로 엎드려 我國家가 獨立國임과 我民族이 自由民임을 玆에 天下萬國에 宣言하고 또한 證言한다.

槿域 靑邱(朝鮮)는 누구의 植民地가 아니며 檀孫麗族(檀君의 子孫 高句麗民族)은 누구의 奴隷種도 아니다. 國家는 즉 東方의 君子이며 겨레는 곧 善言하는 善人이다.

그럼에도 運이 막혀 나라를 다스린지 오래자 亂을 일으켜 밖으로 는 鯨呑하는 強隣이 있고, 안으로는 나라를 좀먹는 奸賊이 있어 五千年의 神聖한 爍死와 二千萬의 禮儀民族과 五百年의 社稷이 一朝에 湮滅하였다. 朝廷에는 殉國하는 臣下가 있고 들에는 死節하는 百姓이 있다. 그러나 皇天이 사랑하지 않아 國民에게 祿이 없다.

皇帝의 聲明에 갑자기 辱을 當하여 廢遷한 士民의 義擧는 忽然히 殲族의 禍를 입고 濫稅苛法과 虐遇奴使에 百姓은 生命을 依支하지 못하게 되었다. 그리하여 이를 말하면 곧 強盜로서 處罰되고 十字架에 매달아 이를 죽였다. 무릇 이는 忠義의 魂으로서 殘忍之下에 消滅된 者 幾千萬인가 아픔을 참고 견디며 臥薪嘗膽한지 十星霜을 지냈다. 陰이 極하면 陽이 되고 아니가고 돌아옴은 天理의 好還으로서 죽음에 處하여 生을 求하고 생각을 오래하고 깊이하여 일어섬은 人道의 至情이다. 世界의 改造 民族自決論은 天下에 드높아져 我國의 獨立 我民族의 自由之聲은 宇內에 가득 찼다. 於是乎 三月 一日 獨立을 宣言하고 四月 十日에 政府를 建設하였으나 頑迷한 그 日本은 時勢의 推移를 顧慮함이 없이 쓸데없는 豺의 蠻性을 發揮하여 크게 抑仰을 제 마음대로 하고 白手인 徒衆을 銃砲로 죽이고 城邑村落을 爆燼하였다. 이 어찌 人類的 良心으로서 참고 견딜 수 있을 것이냐 吾族의 丹忠熱血은 決코 이 非正理的인 壓迫에 減縮되지 않고 더욱 正義人道로서 勇往邁進함이 있을 뿐, 萬一 日本으로 하여금 끝내 이른 悔改함이 없다면 吾族은 不得己 三月 一日의 公約

제2독립선언서

에 依하여 最後의 一人까지 最大의 誠意와 最大의 努力으로써 血戰
함을 辭讓하지 않을 것임을 玆에 聲明한다.

大韓民國 元年 十一月 日

大韓民國代表

義親王 李堈, 金嘉鎭, 金協, 楊楨, 李政, 金商說, 田相武, 白初月, 崔
詮九, 張炯九, 金益夏, 鄭髙敎, 李鍾春, 金世應, 鄭義南, 羅昌憲, 韓基
東, 申道安, 李信愛, 韓逸浩, 朴貞善, 魯弘濟, 李眞鉉, 李來修, 金炳起,
李謙容, 李雪吼, 申泰鍊, 申瑩澈, 吳世惠, 鄭奎植, 金弘鎭, 廉光祿

❖ 참고문헌

김정명, 『조선독립운동』 1권 분책, 원서방, 1967.

정세현, 『항일독립민족운동사연구』, 일지사, 1975.

독립운동사편찬위원회, 『독립운동사자료집』 9, 1975.
독립운동사편찬위원회, 『독립운동사』 9, 1977.
국가보훈처, 『독립유공자공훈록』 7, 1990.
양주문화원, 『양주군지』 하, 1992.
경기도사편찬위원회, 『경기도 항일독립운동사』, 1995.

정기섭鄭基燮(1886, 고종 23~?)

　미금면 평내리(현 평내동) 출신으로, 일제시기 독립운동가이며, 농업에 종사했다.

　1919년 3월 1일부터 시작된 만세운동이 점차 확산되는 가운데 동리 구장인 이승익李昇翼의 연락을 받고 시위에 적극적으로 참여하였다. 3월 13일 이승익李昇翼의 주도 아래 동네 박모朴某의 집 앞에 마을주민들이 모여들었다. 이 자리에서 전국으로 확산되고 있는 독립만세시위를 저지할 목적으로 일본 총독 하세가와長谷川好道가 배포한 "국민들은 쓸데없는 유언비어에 열중하여 되지도 않는 일에 광분하지 말라. 제국은 전승국이므로 일한합병에 관하여는 조금도 변경의 여지가 없다"는 내용의 고유문을 이승익李昇翼이 낭독하였다. 이에 그 자리에 모여 있던 100여 명의 주민들은 야유를 퍼부으며 "우리는 만세를 부릅시다"라고 외치고 시위대를 형성하며 만세운동을 전개해나갔다. 이때 이승익李昇翼을 비롯하여 같은 마을에 거주하는 우보현禹輔鉉·김영하金永夏·이석준李錫俊·이석준李錫俊 등이 맨 앞에서 시위를 이끌었다. 다음날인 14일에도 시위가 이어져 100여 명의 시위대와 함께 면사무소가 위치한 금곡리까지 '대한독립만세'를 소리 높여 외치며 행진하였다. 시위대가 금곡리로 가는 두 번째 고개에 이르렀을 때 일본인의 해산 권유를 받았으나 시위행렬은 계속 이어졌다. 정기섭鄭丁燮은 시위 후 일본 경찰에 체포, 주모자로 몰려 1919년 5월 8일 경성지방법원에서 징역 6개월

형을 선고받고 공소하였으나, 6월 28일 경성복심법원에서 공소 기
각판결을 받았다. 상고하였으나 8월 18일 고등법원에서 기각판결
을 받고 형이 확정되어 복역하였다.

❖ 참고문헌

독립운동사편찬위원회, 『독립운동사』 2, 1971.
독립운동사편찬위원회, 『독립운동사자료집』 5, 1972.
국가보훈처, 『독립유공자공훈록』 2, 1986.
양주문화원, 『양주군지』 하, 1992.
경기도사편찬위원회, 『경기도 항일독립운동사』, 1995.

정인호鄭寅琥(1869, 고종 6~1945, 이명; 仁昊) ────

화도면(현 화도읍) 묵현리 출신으로, 일제시기 독립운동가이다.

일찍부터 한학을 배워 문리를 깨우칠 정도로 조예가 깊었다고 한다. 이를 바탕으로 교과용 도서를 여러 권 저술하여 교육을 통한 구국운동에 헌신하였다. 한말에 교과서와 교과용 도서집필 분야에 현채玄采·장지연張志淵·정교鄭喬·김택영金澤榮 등과 함께 반열에 올라 있던 한 사람이었다. 그가 집필한 책으로『최신초등소학最新初等小學』·『최신초등대한지지最新初等大韓地誌』·『최신고등대한지지最新高等大韓地誌』·『초등대한역사初等大韓歷史』등을 들 수 있다. 그러나 이 책들은 발간되고 얼마 뒤인 1909년 5월부터 12월까지 일제가 만든 「출판법」에 의해 발매·사용금지 조치를 당하고 말았다. 일제가 조선을 강점한 이후 한때 군수를 지냈으나 그것이 일제 앞잡이 노릇임을 자각하고 자리에서 물러났다. 1919년 3·1운동의 전민족적인 열기가 식지 않던 3월 하순경 장두철張斗徹과 함께 조선독립에 헌신할 것을 결의하였다. 장두철은 상해로 가서 임시정부에서 활동하고 자신은 서울에서 독립군자금을 모금, 임시정부를 지원한다는 역할분담과 함께 지속적으로 연락하기로 합의하였다.

1919년 6월 상해로 망명한 장두철이 박정식朴貞植을 특파하여 군자금 모금을 요청한 서한을 접수하고, 이에 백방으로 노력하였으나 소기의 성과를 거두지 못하였다. 그러던 중 다시 이듬해 3월에 파견된 장지동張志東과 협의하여 구국단救國團이라는 비밀결사를 조

직, 단장에 취임하였다. 윤상기尹相驥·김두형金斗衡·서병두徐丙斗·
이종한李琮漢 등 수십 명의 동지를 규합하여 구국단의 조직을 확대
하는 한편, 충청남도 논산군의 부호 윤일병尹一炳의 집을 세 차례
방문한 끝에 군자금 500원을 모금하였다. 같은 해 11월 일본군이
간도에 출동하여 독립군을 괴롭힌다는 소식을 장지동에게 듣고,
일본군과 싸우기 위해서는 더 많은 군자금이 필요하다고 판단하였
다. 그래서 대한민국 임시정부 재무부장과 재무총장 명의의 인장
을 만드는 한편, 서병두·장지동과 함께 자택에 있는 활판기를 사
용하여 "조선의 독립을 쟁취하기 위한 조선민족의 의무로서 군자
금을 제공하여야 한다"는 취지의 「군자금軍資金 납입명령서納入命令
書」와 대한민국 임시정부의 국민의회의원 선임장 등을 수십 매 인
쇄하여 전국의 부호들에게 배포하는 등 지속적인 군자금 모금활
동을 벌였다. 음력 12월 동지 김두형과 함께 전라북도 익산군의 부
호 임병철林秉喆에게 군자금 납입을 요구한 것도 그 같은 활동의
하나였다. 그리고 조선의 독립을 위해서는 일제의 통치에 반대한
유력인사들로 구성된 국회의 소집이 필요함을 절감하고, 윤용구尹
容求·한규설韓圭卨 등 100여 명의 국내인사들에게 원로元老·상원上
院·중의원衆議院의 각 의원에 추천되었다는 내용의 대한민국 국회
의장 명의의 「피선서被選書」를, 홍긍섭洪肯燮 등 23명에게는 「선임장
選任狀」을 인쇄하여 우송하였다. 그러던 중 1921년 3월 군자금 모금
활동 사실이 일본 경찰에 발각되어 서울에서 20여 명의 동지들과
함께 체포되고 말았다. 그해 12월 19일 공판에 회부되었으며, 1922
년 2월 14일 경성지방법원에서 징역 5년을 선고받고 공소, 같은 해
5월 26일 경성복심법원에서 공소가 기각됨에 따라 만기 복역하였
다. 정부로부터 1977년 건국포장이 추서되었고, 1990년에는 건국훈
장 애국장으로 승급·서훈되었다.

❖ 참고문헌

김정명, 『조선독립운동』 1권 분책, 원서방, 1967.

독립운동사편찬위원회, 『독립운동사』 8, 1976.

독립운동사편찬위원회, 『독립운동사자료집』 10, 1976.

국가보훈처, 『독립유공자공훈록』 7, 1990.

한국정신문화연구원, 『한국민족문화대백과사전』 20, 1991.

양주문화원, 『양주군지』 하, 1992.

경기도사편찬위원회, 『경기도 항일독립운동사』, 1995.

경기도사편찬위원회, 『내고장 경기도의 인물』 3, 2005.

정일성鄭一星(1902.3.25∼1945.8.9, 이명; 一成)

와부면 송촌리(현 조안면 송촌리) 출신으로, 일제시기 독립운동가이다. 농업에 종사했으며, 기독교인이다.

1919년 3월 15일 이정성李正成·김현모金顯模·김정하金正夏 등이 주도한 와부면 일대 시위에 정일성鄭一成은 김덕여金德汝·이갑동李甲同·오성준吳成俊·김덕오金德五·이정운李正雲·김윤경金允京·이건흥李建興 등과 함께 동참하였다. 이들과 함께 송촌리 일대에 집결한 시위군중을 선도하면서, 덕소리로 시위대를 이끌었다. 이곳에서도 전태현全泰鉉·박경식朴景植 등 여러 동지들이 합류하였고, 다시 시위대와 함께 조안리로 향했다. 시위과정에서 헌병주재소를 습격하는 과격한 투쟁양상으로까지 발전하여 출동한 일본 헌병과 잦은 충돌을 빚었다. 1919년 4월 25일 경성지방법원에서 보안법 위반혐의로 8개월 형을 선고받았다. 경성복심법원을 거쳐 1919년 7월 5일 고등법원에서 형이 확정됨에 따라 서대문감옥에서 복역하고 이듬해 만기 출옥하였다. 당시 재판기록에 대한 신상카드가 남아 있다. 그 공로를 인정하여 정부는 1992년 1월 3월 대통령표창을 추서하였다.

❖ 참고문헌

판결문(1919.4.25, 경성지방법원).

판결문(1919.5.31, 경성복심법원).

판결문(1919.7.5, 고등법원).

독립운동사편찬위원회, 『독립운동사』 2, 1971.

독립운동사편찬위원회, 『독립운동사자료집』 5, 1972.

가보훈처, 『독립유공자공훈록』 2, 1986.

양주문화원, 『양주군지』 하, 1992.

국사편찬위원회, 『한민족독립운동사자료집』 별집 7, 1992.

국가보훈처, 『독립유공자공훈록』 10, 1993.

경기도사편찬위원회, 『경기도 항일독립운동사』, 1995.

정충환鄭忠煥(1888, 고종 25∼1962)

정충환鄭忠煥은 양주楊州 출생으로 서울 동부東部 연화방蓮花坊 연지동連池洞으로 이주하여 살다가 의병이 되었다.

정충환은은 육당 최남선의 형제들과 동문수학하고 을사조약 당시 80여 명의 동지를 규합, 창의군倡義軍을 일으킨 바 있다. 이어 선생은 1908년 5월 양주 출신 황재호黃在浩 의병부대에 합류, 양주군 묵은면默隱面(현 은현면)에 진입, 의병투쟁에 필요한 군수품을 확보하였다. 이어 같은 18일 포천군 덕둔리에 군자금을 모금하다가 일본군의 습격을 받고 체포되었다.

독립유공자 정충환 비

1909년 2월 4일 경성지방재판소에서 징역 5년형을 선고받고 경성공원소에 항소하였으나 3월 19일 기각되었고, 다시 대심원에 상고하였으나 4월 5일 기각되어 복역하였다. 선생은 징역 5년의 옥고를 치른 후 민족 자주독립에 뜻을 두고 『신문관』·『광문관』·『시대일본』 등의 지면을 통해 폭넓은 논설활동을 펼쳤다. 정부에서는 그의 공을 기리어 1989년 대통령표창을 추서하였다.

선생의 묘는 원래 다른 지역에서

안장되어 있었으나 후일 남양주시 별내면 용암리 독암촌 후산으로 이장하여 오늘에 이르고 있다.

독립유공자 정충환 묘

❖ 참고문헌

독립운동사편찬위원회, 『독립운동사자료집』 별집 1, 1971.
국가보훈처, 『독립유공자공훈록』 8, 1990.
경기도사편찬위원회, 『내고장 경기도의 인물』 3, 2005.

주시경 周時經(1876.11.7~1914.7.27, 호; 한힘샘, 白泉)

국어의 연구와 운동을 통하여 일제침략에 항거한 국어학자. 본관은 상주尙州. 초명은 상호相鎬. 황해도 봉산출생. 아버지는 면석冕錫이며, 어머니는 전주 이씨이다. 둘째아들로 둘째아버지 면진冕鎭에게 입양되었다. 어려서 아버지에게 한문을 배우다가 양아버지를 따라 1887년 6월에 상경하였다. 서당에서 한문을 계속 배우면서 신학문에 눈뜨자 1894년 9월 배재학당培材學堂에 입학하였다. 도중에 인천부 관립이운학교官立利運學校 속성과 관비생으로 선발되어 졸업하였으나, 정계의 격변으로 해운계로의 진출이 무산되고, 1896년 4월 다시『독립신문』을 창간한 서재필徐載弼에게 발탁되어 독립신문사 회계사무 겸 교보원校補員이 되었다. 순한글 신문제작에 종사하게 되자, 그 표기 통일을 해결하기 위한 국문동식회國文同式會를 조직하여 그 연구에 진력하였다. 동시에 서재필이 주도하는 배재학당협성회·독립협회에 참여하였다가 그의 추방과 함께 물러나서『제국신문』의 기자, 영국선교사 스크랜턴(Scranton, W. B.)의 한어교사, 상동청년학원尙洞靑年學院 강사를 지내면서 1900년 6월에 배재학당 보통과를 졸업하였다. 그러나 신학문에 대한 지식욕은 대단하여 야간에 흥화학교興化學校 양지과量地科를 마치고, 정리사精理舍에서는 수물학을 3년간 34세가 되도록 공부하는 열성을 가졌다. 경력으로는 간호원 양성학교·숙명여자고등학교·서우학교西友學校 교원을 역임하였고, 협성학교協成學校·오성학교五星學校·이화학당梨花

學堂·홍화학교·기호학교畿湖學校·융희학교隆熙學校·중앙학교中央學校·휘문의숙徽文義塾·보성학교普成學校·사범강습소·배재학당 등의 강사를 맡아 바쁜 생활을 보냈다. 그 담당 과목은 1913년 3월 중앙학교의 예로 보아서 지리·주산·조선어 등으로 광범하나, 그의 연구업적으로 보아 국어 교육이 중심이었던 것으로 보인다. 그의 활동은 계몽운동은 배재학당협성회 전적典籍과 찬술원, 독립협회 위원, 『가정잡지』 교보원, 서우학회 협찬원, 대한협회 교육부원, 보중친목회 제술원製述員 등을 통한 애국계몽운동이었다. 묘는 진접읍 장현리 산25에 있다.

정부에서는 그의 국어국문의 과학적 연구와 교육이 민족의 독립과 발전에 끼친 공을 기려 1980년에 건국훈장 대통령장을 추서하였다.

❖ 참고문헌

주시경, 『履歷草』, 배재학당기념관 소장, 1908~1912.
권덕규, 「주시경선생역사」, 『靑春』 1, 1914.10.
허 웅, 「주시경의 생애와 업적」, 『思想界』 7-1, 1958.12.
김윤경, 「주시경선생전기」, 『한글』 126호, 1960.2.
『나라사랑』 4 -주시경특집호-, 1971.9.
김세한, 『주시경전』, 정음사, 1974.
이기문 편, 『주시경전집 上·下』, 아세아문화사, 1976.
김민수, 『주시경연구』, 탑출판사, 1977.
김석득, 『주시경 문법론』 어문총서 207, 형설출판사, 1979.
허웅·박지홍, 『주시경선생의 생애와 학문』, 과학사, 1980.
고영근, 「개화기의 국어연구단체와 국문보급활동」, 『한국학보』 30, 1983.
고영근·리현희 편, 『주시경국어문법』, 탑출판사, 1986.
국가보훈처, 『독립유공자공훈록』 1, 1986.
경기도사편찬위원회, 『내고장 경기도의 인물』 3, 2005.

최대복崔大福(1892, 고종 29~?)

진접면(현 진접읍) 부평리 출신으로, 일제시기 독립운동가이며, 농업에 종사했다.

1919년 3월 29일 밤, 부평리와 주변 마을 일대에 "거주하는 동리의 주민 일동이 모여 광릉천 강가에서 독립만세를 부르자"는 내용이 담긴 격문이 광범위하게 살포되었다. 당일 밤 격문을 받아 본마을주민 이재일李載日이 29일 밤에서 30일 사이에 주민 일부와 함께 광릉천 일대의 시위계획을 세울 때, 최대복은 이에 동조하고 적극적으로 참여한 주도자 중 한명이었다.

최대복崔大福은 3월 31일 시위를 결정한 마을주민 이재일李載日·최영갑崔永甲·최대봉崔大奉·양삼돌梁三乭·유희상柳熙庠·박석몽朴石夢 등과 함께 당일 광릉천에 모인 6백여 명의 주민들을 이끌고 독립만세를 부르며 시위를 확산시켰다. 출동한 일본 헌병에 의해 시위대는 해산되었고 시위주도 혐의로 결국 체포되어, 1919년 5월 2일 징역 6개월 형을 선고받았으며, 공소하여 6월 19일 경성복심법원에서 태형 90대를 선고받았다.

❖ 참고문헌

김정명, 『조선독립운동』 1권 분책, 원서방, 1967.
독립운동사편찬위원회, 『독립운동사』 2, 1971.

독립운동사편찬위원회, 『독립운동사자료집』 5, 1972.

국가보훈처, 『독립유공자공훈록』 2, 1986.

양주문화원, 『양주군지』 하, 1992.

경기도사편찬위원회, 『경기도 항일독립운동사』, 1995.

최대봉崔大奉(1898, 광무 2~?)

　　진접면(현 진접읍) 부평리 출신으로, 일제시기 독립운동가이며, 직업은 농업이다.

　　1919년 3월 29일 밤, 부평리와 주변 마을 일대에 "거주하는 동리의 주민 일동이 모여 광릉천 강가에서 독립만세를 부르자"는 내용이 담긴 격문이 광범위하게 살포되었다. 격문을 받아 본 마을주민 이재일李載日이 29일 밤에서 30일 사이에 주민 일부와 함께 광릉천 일대의 시위날짜와 장소를 논의할 때 적극적으로 가담하였다.

　　최대봉崔大奉은 이재일李載日·최영갑崔永甲·양삼돌梁三乭·유희상柳熙庠·박석몽朴石夢·이흥록李興錄 등과 함께 3월 31일 광릉천에 모인 6백여 명의 시위대를 이끌고 소리 높여 독립만세를 불렀다. 일제는 헌병을 출동시켜 시위를 해산시키는 한편, 주도자 체포에 적극 나섰다.

　　최대봉은 이 일로 일본 경찰에 체포되어, 1919년 5월 2일 징역 6개월 형을 선고 받았으며, 공소하여 6월 19일 경성복심법원에서 태형 90대를 선고받고 형을 받은 후 풀려났다.

❖ 참고문헌

김정명,『조선독립운동』1권 분책, 원서방, 1967.
독립운동사편찬위원회,『독립운동사』2, 1971.

독립운동사편찬위원회, 『독립운동사자료집』 5, 1972.
국가보훈처, 『독립유공자공훈록』 2, 1986.
양주문화원, 『양주군지』 하, 1992.
경기도사편찬위원회, 『경기도 항일독립운동사』, 1995.

최영갑崔永甲(1894, 고종 31∼?)

　진접면(현 진접읍) 부평리 출신으로, 일제시기 독립운동가이며, 농업에 종사했다.

　1919년 3월 29일 밤, 부평리와 주변 마을 일대에 "거주하는 동리의 주민 일동이 모여 광릉천 강가에서 독립만세를 부르자"는 내용이 담긴 격문이 광범위하게 살포되었다.

　격문을 받아 본 마을주민 이재일李載日이 29일 밤에서 30일 사이에 주민 일부와 함께 광릉천 일대의 시위계획을 세울 때, 최영갑崔永甲은 최대봉崔大奉·최대복崔大福·양삼돌梁三乭·유희상柳熙庠·박석몽朴石夢·이흥록李興錄 등과 함께 적극적으로 참여하였다.

　최영갑은 이들과 함께 3월 31일 광릉천에 모인 6백여 명의 시위대를 이끌고 대한독립만세를 부르면서 동네 곳곳을 누비고 다녔다. 일제는 헌병을 출동시켜 시위를 해산시키는 한편, 주도자 체포에 적극 나섰다. 이 일로 일본 경찰에 체포되어 재판을 받고 석방되었다.[1]

❖ 참고문헌

　김정명, 『조선독립운동』 1권 분책, 원서방, 1967.

---

[1] 최영갑은 광릉천 시위로 체포, 재판에 회부된 8명 중 유일하게 무죄판결을 받아 석방되었다.

독립운동사편찬위원회, 『독립운동사』 2, 1971.
독립운동사편찬위원회, 『독립운동사자료집』 5, 1972.
국가보훈처, 『독립유공자공훈록』 2, 1986.
양주문화원, 『양주군지』 하, 1992.
경기도사편찬위원회, 『경기도 항일독립운동사』, 1995.

최현배崔鉉培(1894.10.19~1970.3.23, 호; 외솔, 이명; 감메, 한방우)

국어학자·국어운동가·교육자, 경상남도 울산 출신. 서당에서 한문을 배운 뒤 고향의 일신학교에서 신식교육을 받고 1910년 상경하여 한성고등학교漢城高等學校(뒤에 경성보통고등학교로 개칭됨)에 입학하여 1915년 졸업하였다. 그해 일본 히로시마고등사범학교廣島高等師範學校 문과에 입학하여 1919년 졸업하고, 1922년 4월에 일본 경도제국대학京都帝國大學 문학부 철학과에 입학, 교육학을 전공하여 「페스탈로치의 교육학설」이라는 논문으로 1925년 졸업, 계속하여 그 대학원에서 수학하였다.

1926년 4월 연희전문학교 교수로 취임하여 1938년 9월 흥업구락부사건으로 파면당할 때까지 재직하였다. 1941년 5월 연희전문학교에 도서관 직원으로 복직하였으나, 그해 10월 조선어학회사건으로 사임, 1945년 광복까지 4년간의 옥고를 치렀다.

1945년 9월부터 1948년 9월까지, 1951년 1월부터 1954년 1월까지 문교부 편수장에 두 차례 재직하였다. 1954년 연희대학교 교수로 취임하여 문과대학 학장과 부총장을 역임하고 1961년 정년퇴임으로 연세대학교 명예교수로 추대되었다. 1964년 3월부터 2년간 부산 동아대학교 교수로 재직한 일이 있다.

1954년 학술원 회원에 뽑혔고 이어 임명회원·부회장을 맡았다. 1955년 연희대학교에서 국어학 연구와 그 발전에 기여한 공로로

명예문학박사 학위를 취득하였다. 그밖에 1949년 한글학회 이사장에 취임하여 20년간 계속하여 한글학회를 이끌어왔으며, 1949년 한글전용촉진회 위원장, 1957년부터 세종대왕기념사업회 이사·부회장·대표이사 등으로 국어운동의 중심적인 인물로 활동하였다.

1955년 제1회장·대표이사 등으로 국어운동의 중심적인 인물로 활동하였다. 1955년 제1회 학술원공로상, 1967년 5·16민족상 학예부분 본상을 수상하였고, 1970년 3월 죽자 국민훈장 무궁화장이 추서되었다.

국어학의 연구, 국어정책의 수립, 그리고 교육학의 연구와 국어운동의 추진에 전념하여 그와 관련한 20책에 이르는 저서와 100편에 이르는 논문을 발표하였다. 국어학의 연구는 1910년 봄, 일요일마다 보성중학교에서 열리는 조선어강습원에서 주시경周時經의 가르침을 받음으로써 싹튼 것이라 한다. 이 분야의 업적은『우리말본』,『한글갈』로 집약된다.

『우리말본』은 1929년『우리말본 첫째매 소리갈』에 이어 1937년 온 책이 출판되었다. 이 책은 주시경 이래의 문법연구를 계승하고 발전시켜 20세기 전반기의 문법연구를 집대성한 저술이다. 전반적인 체계는 중학교 교재로 편찬된『중등 조선말본』(1934)에 이미 나타나 있었으나, 이를 보완하고 확대하였는데 인용된 자료의 해박함, 설명의 논리 정연함, 체계의 정연함에 있어서 아직 이것을 능가할만한 문법서가 없다고 하여도 지나치지 않는다.

『한글갈』(1941)은 한글연구의 체계화를 추구한 업적인데, 역사편과 이론편으로 되어 있다. 역사편은 한글제정의 동기와 경위, 한글문헌에 대한 해설, 한글역사의 연구를 다루고, 이론편은 한글창제 이후 없어진 글자를 주로 다루어서 그 음가를 추정한 것이다. 국어정책의 수립과 국어운동에 대한 집념과 활동도 대단하여 항상 최선봉에서 그 운동을 추진하고 그에 대한 이론투쟁을 정력적으로 전개하였다.『글자의 혁명』(1947)·『한글의 투쟁』(1958)·『한글 가로

글씨 독본』(1968) · 『고희기념 논문집』(1968) · 『한글만 쓰기의 주장』
(1970) 등 단행본으로 한글전용과 풀어쓰기의 이론을 발표하여, 그
운동의 이론적인 지침서가 되었다. 이밖에 국어정화를 주장하면
서 일본어의 잔재를 몰아내는 등 우리말도로찾기 운동을 전개하
였는데, 이의 이론적인 근거는 『우리말 존중의 근본 뜻』(1953)에
나타나 있다. 국어정책에 대한 그의 주장은 전후6년에 걸친 문교
부 편수국장 재직 중에 교과서에서 실행되었다. 이에 대한 시비는
아직도 계속되고 있지만, 현행 각종 교과서에서 한글만으로 가로
쓰는 체재를 확립한 일은 그의 업적이다. 교육학적인 연구는 대학
의 졸업논문으로 비롯되는데, 민족주의적인 국민계몽사상을 고취
한 『조선민족갱생更生의 도道』(1930)가 공개된 최초의 업적이다.

이 책에는 일생을 일관한 애국·애족의 사상이 뚜렷이 나타난
다. 먼저 우리 민족의 성격상의 결함과 질병을 진단하여 그 역사적
인 원인을 규명하고서, 민족이 되살아날 원리를 말하고 이어 그 원
리를 실천하고 노력할 것을 역설한 것이다.

이 책에 나타난 그의 정신은 광복 이후에 확대, 발전되어 『나라
사랑의 길』(1958)과 『나라건지는 교육』(1963)으로 간행되었다. 나라
와 민족을 사랑하는 정신을 고취하여 부강한 자유국가와 훌륭한
자주민족으로 만들어야 한다는 주장이 담겨 있다.

국어운동의 추진에 있어서는 지나치게 급진적인 점도 없지 않으
나, 국어문법 체계를 확립한 국어학자로서, 국어와 한글운동의 이
론가이며 실천가로서, 민족의 중흥과 민주국가 건설을 외친 교육
자로서 남긴 업적과 공로는 크다.

민족의 수난기에 살면서도 고난에 굴하지 않고 꿋꿋하게 살아간
그 의지는 민족사의 한 귀감이 된다. 그의 학문과 유지는 한글학회
를 중심으로 한 학자들에 의하여 계승되고 있으며, 그의 사상을 기
리는 모임인 외솔회가 1970년에 창립되어 기관지 『나라사랑』을 발
간하며, 해마다 국학연구와 국어운동에 뛰어난 사람에게 외솔상을

시상함으로써 그의 정신을 이어가려 하고 있다. 묘는 진접읍 장현에 있다. 정부에서는 그의 공을 기려 1962년에 건국훈장 국민장을 추서하였다.

❖ 참고문헌

『동아일보』, 1927.2.21.

『외솔 최현배박사 고희기념논문집』, 1968.

「외솔 최현배박사 해적이」, 『한글』 146호, 1970.

허 웅, 「주시경선생의 학문」, 『동방학지』 12, 1971.

홍이섭·허웅·김석득, 「외솔의 3대 저작 고찰」, 『나라사랑』 1, 1971.

「외솔 선생의 전기」·「외솔 선생의 학문」·「외솔 선생의 국어정책」
　　　　·「외솔 선생과 한글학」, 『나라사랑』 14, 1974.

『동아일보』, 1982.9.6(『고등법원판결문』, 1945.8.3).

국가보훈처, 『독립유공자공훈록』 6, 1988.

하상태 河相泰(1868.11.23~1909.4.9, 이명; 相兌, 尙泰)

진건면 팔현리(현 오남면 팔현리)에서 출생한 한말의 의병장으로 일본의 침략마수가 나라의 운명을 위태롭게 하던 한말에 분연히 의병을 일으켜 국권회복을 위해 일신을 희생한 의병장이다.

가선대부嘉善大夫 동지중추부사同知中樞府事를 지낸 백부 하수홍河 受弘의 양아들이다. 그는 아버지에게 나라에 충성하고 부모님께 효도하는 교육을 철저하게 받았고 나라가 위급할 때 나라를 위해서 죽는 것이 국가에 보답하는 길이라고 배웠다. 1895년 을미년에 명성황후가 시해되자, 분개한 하상태는 자기의 생명이 다할 때까지 왜군과 싸울 것을 결심하고 동지들을 모아 의병을 일으키기로 결심한다. 1907년 경기도 장단군에서 의병을 일으킨 하상태는 당시 강화 진위대부교鎭衛隊副校로 있던 연기우延基羽 의병장과 합류한 뒤 3년간 의병을 지휘하며 왜군과 싸웠다. 왜군과 싸울 때마다 큰 성과를 올려 명성을 떨치던 중 1909년 4월 9일 장단군 분유소 分遺所의 일본군대에게 습격을 받았다. 이때 치열하게 전투가 벌어졌는데 도저히 빠져나갈 수도 없고 또 이겨낼 수도 없게 되었다. 왜군에게 잡혀 죽음을 당하든가, 싸우다가 죽는 수밖에 없게 되자 하상태는 포로가 되기 직전 칼로 자신의 목을 찔러 장렬한 최후를 마쳤다.

일제침략하에서 의병으로 활동하던 애국지사들의 가족은 수많

하상태전

은 탄압을 받았는데 이때 하상태의 가족도 많은 탄압을 받았다. 항상 일본 경찰의 감시를 받으며 살았다. 그런 중에서도 하상태의 부인 홍소사洪召史 여사는 남편인 하상태가 의병을 일으켜 순국하기까지의 활동상을 일기체의 글로 남겼는데, 이것이 『하상태전河相泰傳』이다. 독립유공자로서 빛을 보지 못하던 하상태 의병장은 이 『하상태전』으로 독립운동의 공로를 인정받아 1977년 12월 13일 국가로부터 건국포장을 추서받았다. 화도읍 묵현리 457번지에 유족이 있으며, 청년시절을 보낸 집은 가평군 상면 덕현리에 있다.

❖ 참고문헌

『매천야록』, 『하상태전河相泰傳』.
『대한매일신보』, 1909.5.1.
김승학, 『한국독립사』 하, 독립문화사, 1965.

김정명, 『조선독립운동』 1권 분책, 원서방, 1967.
독립운동사편찬위원회, 『독립운동사』 1, 1970.
독립운동사편찬위원회, 『독립운동사자료집』 3, 1971.
국가보훈처, 『독립유공자공훈록』 1, 1986.
양주문화원, 『양주군지』 하, 1992.
경기도사편찬위원회, 『경기도 항일독립운동사』, 1995.
경기도사편찬위원회, 『내고장 경기도의 인물』 3, 2005.

한기악漢基岳(1898, 광무 2~1941)

　　독립운동가. 자는 명오明五, 호는 월봉月峰, 한만춘의 아버지, 강원도 원주출신. 보성전문학교 법과를 졸업한 뒤 이승복李昇馥과 함께 만주로 망명하였다. 1919년 국내에서 3·1운동이 일어나자 이동녕李東寧·이시영李始寧·조소앙趙素昻 등과 함께 임시정부를 수립, 임시의정원 의원에 선출되었으며, 곧 법무부 위원에 선임되어 입법활동에 참여하였다. 그 뒤 귀국하여 중앙학교에 근무하면서 조선청년회연합기성회 발기인으로 참여, 한국청년운동을 위하여 핵심기구를 설치, 운영하도록 그 기초를 닦아두었다. 또한, 조선노동공제회를 조직하고 기관지로『공제共濟』를 발간하면서 한국청년의 진로 등을 제시하였다. 1924년 7월 동아일보사의 정치부장과 편집국장직을 맡아 필봉으로 항일운동을 격려, 고무하여 일제의 탄압 일변도적인 만행을 규탄, 성토하였으며, 동시에 조선물산장려회 이사로 선출되어 활약하였다. 1925년 시대일보 편집국장을 지냈으며, 같은 해에 월간잡지『개벽』이 항일민족시사로 인하여 조선총독부로부터 청간처분을 당하자 언론동지인 송진우宋鎭禹·민태원閔泰瑗과 같이 사이토齋藤實 총독을 찾아가 항변, 해금시키는데 성공하였다. 1927년 2월 신간회新幹會의 발기인으로 참가, 중앙위원에 선출되었다. 그 뒤 1928년부터 4년간 조선일보사의 편집국장으로 재직하면서 필봉으로 민족계몽운동과 항일투쟁을 하였으며, 1935년부터 중앙고등보통학교에서 인재교육에 헌신하면서 이 학원의 감

사로도 재직한 바 있다. 1983년 건국포장이 추서되었다. 묘가 화도
읍 묵현리에 있다.

❖ 참고문헌

『동아일보』.
애국동지원호회, 『한국독립운동사』, 1956.
조선일보편찬위원회 편, 『조선일보오십년사』, 조선일보사, 1970.
동아일보사, 『동아일보사사東亞日報社史』 1, 1975·1977·1978.
독립운동사 편찬위원회, 『독립운동사』 7·9, 1976·1978.
이현승, 『대한민국 임시정부사』, 집문당, 1982.
국가보훈처, 『독립유공자공훈록』 5, 1988.

한백석韓白石(생몰년 미상)

진건면 오남리(현 오남면 오남리) 출신으로, 일제시기 독립운동가이다.[1] 1919년 3월 1일 이후 전국 방방곡곡에서 만세운동이 벌어지는 속에서, 한백석韓白石은 3월 29일 진건면 오남리에서 같은 마을에 거주하는 나상규羅相奎·손삼남孫三男·엄본성嚴本成·이종갑李鍾甲·여원필呂元弼·권노적權魯赤 등과 함께 주민 수십 명을 이끌고 독립만세를 불렀다.

❖ 참고문헌

독립운동사편찬위원회,『독립운동사』2, 1971.
국가보훈처,『독립유공자공훈록』2, 1986.
양주문화원,『양주군지』하, 1992.
경기도사편찬위원회,『경기도 항일독립운동사』, 1995.

---

1) 경기도사편찬위원회,『경기도 항일독립운동사』, 1995, 1240쪽에 한백석의 한자명 중 '白'이 '百'으로 잘못 기재되어 바로잡는다.

현일성玄一成(생몰년 미상)

　진접면(현 진접읍) 부평리 소재 봉선사 승려로, 일제시기 독립운동가이다.

　1919년 서울에서 촉발된 3·1운동이 최고조에 달했을 무렵인 3월 하순, 일찍부터 손병희 등 민족대표들의 독립선언 소식을 알고 있던 봉선사 승려 내부에서 시위계획을 구체화하기로 뜻을 모았다. 이 계획의 주모자는 같은 절의 승려인 김성암金星岩·이순재李淳載와 서울에서 약종상을 하는 김석로金錫魯 등이었으나 현일성玄一成도 처음부터 이 계획에 동참하고 있었다. 이들은 같은 해 3월 29일 국내외 정세 속에서 만세시위의 필요성과 구체적인 지침까지 담긴 문건을 제작하여, 부평리와 인근 일대의 주민들에게 배포하기로 하였다. 문건은 "지금 파리강화회의에서는 12개국을 독립국으로 만들 것을 결정하고 있는 모양이니, 조선도 이 기회에 극력 운동을 전개하여 독립의 목적을 달성하지 않으면 안 된다"는 내용으로 '조선독립단 임시사무소' 명의로 이루어진 것이었다. 이 문건은 김성암金星岩·이순재李淳載·김석로金錫魯 3명이 편집하여 사찰 경내의 서기실에서 200매를 제작, 완료하였다. 현일성玄一成은 제작 이후 강완수姜完洙·이순재李淳載·김석로金錫魯와 함께 이 날 밤 9시부터 다음날 새벽 5시 사이에 부평리는 물론 인근의 진벌리·중촌리 등지의 각 민가에 격문을 살포하는 작업을 맡았다. 시위를 주도했던 다른 동지들과는 달리 체포를 면해 재판에 회부되지 않았지만,

독립운동사 관련 자료들을 검토해보면, 부평리 일대의 시위확산에 일조한 것으로 판단된다.[1] 3월 31일 부평리 광릉천 일대에서 큰 시위가 전개된 것은 봉선사 승려들의 이러한 치밀한 계획에 크게 힘입은 것이다.

❖ 참고문헌

독립운동사편찬위원회, 『독립운동사』 8, 1976.

국가보훈처, 『독립유공자공훈록』 2, 1986.

양주문화원, 『양주군지』 하, 1992.

경기도사편찬위원회, 『경기도 항일독립운동사』, 1995.

---

1) 현일성이 당시 봉선사 승려로서 부평리 시위를 주도했던 4명의 승려 중한 명이었다는 사실은 독립운동사편찬위원회, 『독립운동사』 8, 1976, 879쪽에 실려 있다. 그러나 그가 어떤 이유였는지 다른 동지들과는 달리 일제의 검거망을 피한 것은 분명하다. 따라서 당시 그의 행적을 알 수 있는 자료는 다른 동지들과 달리 찾아보기 힘들다. 다만 그가 제작된 격문을 강완수姜完洙와 함께 인근 지역으로 배포하는 활동을 펼쳤다는 것은 분명해 보인다. 먼저 각종 독립운동사 자료는 봉선사 관련 시위에 4명의 관련자가 있었다는 것을 공통적으로 지적하고 있다. 이를 뒷받침하는 구체적인 근거로 독립운동사편찬위원회, 『독립운동사』 5, 1972, 303쪽에 재판기록에 "피고 이순재李淳載·김석로金錫魯는 사정을 잘 아는 피고 강완수姜完洙 외 1명과 그 날 밤 9시경부터 … 각 민가에 배포함으로서"라고 기록되어 있다. 여기서 '강완수姜完洙 외 1명'이 바로 현일성임을 짐작할 수 있다.

홍순철洪淳哲(생몰년 미상)

일제시기 독립운동가이며, 화도면(현 화도읍) 마석모루 시위에 관여하였다.

1907년 선교사에 의해 월산교회가 세워지면서 월산교회에서는 배인학당을 세워 학생들에게 교육을 가르치고 있었다. 이때 김필규金弼圭・이인하李麟夏・이택하李澤夏와 함께 서울에서의 3・1만세운동에 대한 소식을 듣고 만세운동을 모의하자, 홍순철洪淳哲은 마을의 지도자인 이달용李達鎔・이재하李載夏・이덕재李德在・이택주李宅周・유인명柳寅明・윤태익尹泰益 등과 3월 16일 월산교회에 모여 봉기할 시기와 방법을 결정하고 연락하던 중 발각되었다. 이때 이재하李載夏・이승보李承輔・이택하李澤夏 등이 일본경찰에 의해 검거되었다. 이날 밤 월산리・답내리 주민 200여 명이 고개넘어 마석우리 헌병주재소로 몰려가 검거된 인사 3명의 석방과 독립만세운동을 전개하였다.

이에 일본 헌병은 격화되어 가는 시위대의 기세를 꺾고자 무자비한 대응으로 맞섰고, 그 결과 다수의 사상자가 발생하는 참상으로 이어졌다. 당시 일본경찰의 발포로 이달용李達鎔・손복산孫福山・신영희申榮熙・유상규兪相奎・이교직李敎稙 등은 그 자리에서 숨을 거두고, 이재혁李載赫・윤균尹均・강덕여姜德汝・윤정석尹丁石・원대현元大鉉 등은 중상을 입었다.

3월 19일 일본 경찰은 만세운동에 가담한 자를 체포하기 위하여

마석고개를 넘어왔는데 대다수 주민들은 피신을 하였으나 홍순철洪淳哲은 김필규金弼圭·남궁우룡南宮又龍·이승면·강선원姜善遠·윤성준尹性俊·김원석金元石·권은權慇·이윤원李允遠 등의 동지들과 함께 연행되어 혹독한 고문을 받는 등 심한 고초를 겪었다.

❖ 참고문헌

독립운동사편찬위원회, 『독립운동사』 2, 1971.
양주문화원, 『양주군지』, 1978.
양주문화원, 『양주군지』 하, 1992.

홍순형洪淳馨(1858, 철종 9~?)

조선 말기의 문신, 본관은 남양南陽. 자는 여문汝聞. 서울 출신. 재룡在龍의 손자로, 판서 석종奭種의 아들이며, 헌종의 비인 효정왕비孝定王妃의 조카이다. 1874년(고종 11) 증광별시문과에 을과로 급제, 이듬해 대교에 임명되었다. 이어 장령·부응교를 거친 뒤, 1877년 승정원동부승지가 되고, 여주목사를 역임한 뒤 1882년 개성부유수로 승진하였다가, 1884년 이조참판·홍문관부제학, 1887년 성균관

홍순형 묘

홍순형이 민족교육을 위해 세운 시무의숙 진급증서

대사성, 1888년 대사헌·규장각직제학이 되었다. 예조참판을 거친 뒤, 1890년 지경연사知經筵事·형조판서, 1891년 한성부판윤·예조 판서, 1892년 개성부유수를 역임하였다. 1893년 황해도관찰사 재직 중 황주에서 향촌지방세력과 향리 등의 탐학에 저항한 민란이 일어나자 조정에 장계를 올려 난을 이끈 이관석李寬石 등을 엄형 3차 후 정배하게 하고 탐학자들을 엄형징방嚴刑懲放하게 하였다. 1894년 경기도 관찰사를 역임한 뒤 같은 해 갑오경장으로 관제가 개혁되자 8월 광주부유수廣州府留守를 거쳐, 1895년 왕태후궁대부가 되었다. 그 뒤 국장도감제조와 장례원경掌禮院卿·명헌태후궁대부明憲大后宮大夫를 역임하였다. 1901년 판돈녕부사·명헌태후궁대부, 1902년 태의원경·궁내부특진관宮內府特進官·표훈원부총재·판돈녕원사·홍문관학사·규장각학사·시강원일강관侍講院日講官·중추원찬정中樞院贊政을 거쳤다. 1906년 이후에도 궁내부특진관과 규장각학사 겸 시강원일강관직을 여러 차례 맡았다. 1908년에는 교육·위생·환난상구患難相求를 목적으로 하는 관진방회觀鎭坊會의 찬무장贊務長을 맡아 사회활동을 하기도 하였다. 1910년 조선이 일본에 강점된 뒤, 일본정부로부터 남작 작위가 주어졌을 때 이를 거절하고 받지 않고 월문리로 낙향하여 자신의 토지에 시무의숙時務義塾이란 학교를 설립하고 훈장을 하며 여생을 보냈다. 묘는 와부읍 월문리에 있다.

❖ 참고문헌

『고종실록』, 『순종실록』, 『문품안』, 『승정원일기』, 『일성록』, 『국조방목』, 『갑신일록』.

牧山耕藏, 『조선신사명감』, 일본전보통신사 경성지국, 1911.

이현종, 『구한말 정치 · 사회 · 학회 · 회사 · 언론단체 조사자료』, 아세아학보 2, 1966.

박광성, 「고종조의 민란연구」, 『전통시대의 민중운동』下, 풀빛, 1981.

이광린, 『한국사강좌』 - 근대편 -, 일조각, 1981.

임종국, 『일제침략과 친일파』, 청사, 1981.

홍은섭洪恩燮(1881, 고종 18~1957)

대한제국의 무신으로 자는 순문舜文이고 본관은 남양이다. 아버지는 사헌부감찰을 지낸 병인秉仁이며 어머니는 해풍 김씨 재덕在德의 딸이다. 오남면 팔현리에서 태어났으며, 한일합방 이후에는 관직을 그만두고 낙향하였다.

1903년(광무 7)에 대한제국 육군무관학교 포병과를 졸업하고, 육군포병참위 9품 선사랑璇仕郎에 칙명으로 임용되었다. 1907년 승진하여 6품 승훈랑承訓郎에 칙명되었고, 뛰어난 용기와 무사정신이 인정되어 속성으로 정3품 통정대부 육군포병참의로 칙명됨과 동시에 부인인 숙인 박씨도 숙부인淑夫人으로 봉해졌다. 그해 8월에 대황제폐하 즉위 예식기념장禮式記念章을 봉칙하였다. 1910년에 조선이 망하자 관직에서 물러나 고향인 팔현리로 낙향하여 여생을 보냈으며, 오남면 팔현리 산91번지에 묘가 있다.

❖ 참고문헌

『남양홍씨익산군파계보』.
한국인명대사전편찬실 편, 『한국인명대사전』, 신구문화사, 1976.
한국정신문화연구원, 『한국민족문화대백과사전』25, 1991.

의병관련 신문자료

【대한매일신보 1907년 8월 23일】

○ <잡보> 양근군陽根郡에 의병이 크게 일어나 서울에서 70리 되는 한강漢江 상류上流 고랑진에서 배를 모두 부수고 행인行人의 왕래를 일체 금지하여 이곳의 통로가 끊겼다고 한다.

【대한매일신보 1907년 11월 20일】

○ <잡보> 양주군楊州郡 직동直洞에 이지용李址鎔의 정자亭子가 있는데, 이곳에 쌓아 두었던 추수곡秋收穀을 의병이 와서 모두 가지고 갔으며, 정자에 살다가 쫓겨난 사람은 가족을 데리고 상경上京하였다고 한다.

【황성신문 1907년 12월 13일】

○ <잡보> 양주군 퇴계원거 박성준朴性俊이라 하는 사람이 본 년 8월 이래로 의도義徒에 들어가 수령首領이 되어 때때로 무리를 이끌고 동대문 부근에 나타나 본 월 8일에 체포되었다 한다.

【황성신문 1907년 12월 27일】

○ <잡보> 본월 20일에 양주楊州 미음면美陰面에서 일병 18명과 의도 23명이 교전하다가 의도가 사산궤주 하였다 한다.

【대한매일신보 1908년 1월 9일】

○ 1월 6일 일본인 2명이 양주군 퇴계원 등지로 사냥을 나갔다가 의병 20여 명을 만나자 도망감.

【황성신문 1908년 2월 13일】

○ <잡보> 양주군 노원면蘆源面 불암동 이성완李成完, 이대봉李大鳳 등과 미음면美陰面 신창근申昌根 등이 본월 10일에 귀화하였다 한다.

【황성신문 1908년 2월 23일】

○ <잡보> 양주군 진벌면 중리거 홍재형洪在瑩, 박종훈朴宗勳 양인이 의괴義魁 윤인순尹仁淳에게 피착하여 부득이 의도의 군에 투입하였다가 기전비를 희오하고 귀화함을 청원하였다 한다.

【대한매일신보 1908년 2월 23일】

○ <잡보> 양주군 진벌면秦伐面 중리中里에 사는 박종훈朴宗勳·홍재형洪在瑩이 작년 10월경 의병에게 붙잡혀 갔다가 같은 달 25일 도망쳐 숨어 있다가 며칠 전 경시청警視廳에 스스로 들어가 면죄문빙免罪文憑을 받아 풀려났다고 하다.

【대한매일신보 1908년 3월 19일】

○ <잡보> 양주군 순강원順康園 등에 근래 의도義徒가 더욱 심해져 입직원관入直園官을 위협하여 수백 냥씩 토색討索해 오다가, 며칠 전에는 원관園官을 위협하여 2000냥짜리 표표를 받아 간 일이 있었는데, 그 원관은 피신避身했다고 하다.

【대한매일신보 1908년 3월 28일】

○ <잡보> 경시청警視廳 경부警部 3명과 한일 순사巡査 20여 명이 양주군楊州郡 불암사佛岩寺에서 이인영李麟榮의 부하 70명과 접전 接戰하여 박영우朴泳愚 이하 6명을 포살砲殺했다고 하다.

【대한매일신보 1908년 4월 5일】

○ <잡보> <지방소식> 지난 2일 양주군楊州郡 와공면瓦孔面 덕소 리德沼里에 의병 600여 명이 쳐들어와 한강안漢江岸에 정작한 배 3척을 불태웠다고 하다.

【대한매일신보 1908년 4월 15일】

○ <잡보> 홍릉洪陵·순릉順陵·영릉永陵 등에 의병이 쳐들어와 능 관陵官을 위협하여 의복衣服 70건件을 만들어 내라고 하더니, 다시 와서 40건만 즉시 만들어 내도록 독촉하고 있다고 한다.

【대한매일신보 1908년 5월 3일】

○ 4월 28일 양주군 천천면 덕정리에서 의병 40명이 일본헌병과 교전함.

【황성신문 1908년 5월 28일】

○ <잡보> 양주楊州·풍양군豊陽郡 등에 의병이 진陳을 치고 있어 사람들이 지나다니지 못한다고 하다.

【대한매일신보 1908년 6월 10일】

○ <잡보> 지난 6일 양주군楊州郡 별성면別成面 광암리廣岩里에 사는 이덕현李德鉉이 땔나무를 팔기 위해 상경上京하다가 동문東門

밖 동묘東廟 등에서 별순검別巡檢에게 의병으로 몰려 붙잡혔는데, 광암리에 사는 이건덕李建德 등 10명이 이씨를 풀어달라고 어제 경시청警視廳에 청원하였다고 하다.

【대한매일신보 1908년 10월 15일】

○ <잡보> 양주군楊州郡 퇴조원退朝院 주재 일본 헌병분재 보조원들이 양주군楊州郡 풍양豊穰 4동 인민을 부대 근처로 불러 무수 구타하여 금화 10원씩 내라고 위협하더니 지난달 15일경 다시 인민들을 불러 10원씩 또 내라고 함에 경성헌병사령부에서 이 소식을 듣고 헌병을 파견해 4동 동장을 불러 사실을 확인할 때 보조원들이 돈납부 사실을 말하면 화를 입을 것이라며 공갈하는 등 보조원들의 작폐가 극심하여 민원이 낭자하다.

【대한매일신보 1908년 10월 15일】

○ <잡보> 지난 12일 양주군楊州郡 덕소德沼 등지에서 의병 1단團이 일본 병사 2인을 포살捕殺하여 강물에 버렸는데 인근 마을 사람들이 시신을 수습한 후 수비대에 보내자 의병들이 다시 와서 무슨 이유로 일본인의 시신을 수습했냐며 인민들을 구타하다.

【대한매일신보 1908년 11월 12일】

○ 양주군 광암리 부근에 의병이 주둔하고 있으니, 본군에서 각 인민들에게 곡식을 빼앗길 수 있으니 방곡防穀하게 함.

【대한매일신보 1908년 11월 25일】

○ <잡보> 3일 전 양주군楊州郡 철마산鐵馬山 부근에서 의병 수십 명이 일본 병사와 교전하여 일본 병사 3명을 포살했다는 소문이 있다 하다.

【대한매일신보 1908년 11월 27일】

○ <잡보> 수일 전 의병 70여 명이 양주군 평구동平邱洞에 와서 이전에 의병에 투신했다가 귀화한 자 1명을 포살하고 이름을 알 수 없는 김모金某와 표모表某를 잡아갔다고 한다(같은 기사, 황성신문 1908년 11월 27일).

【대한매일신보 1908년 11월 28일】

○ <잡보> 본월 21일 퇴계원退溪院 동쪽 약 10리 부근에서 의병 80여 명이 퇴계원 분견소 일본 헌병 및 보조원 4명과 충돌하다.

【대한매일신보 1908년 12월 1일】

○ <잡보> 본월 22일 퇴계원退溪院 약 10리 부근에서 의병 10명 퇴계원 분견대 헌병과 교전하다(같은 기사, 황성신문 1908년 12월 1일).

【대한매일신보 1908년 12월 4일】

○ <잡보> 의병이 양주군 퇴조원 및 노원 등지에 들어와서 마름에게 군량미와 군수전을 내라고 협박함.

【대한매일신보 1908년 12월 10일】

○ <잡보> 양주군 율북리栗北里 등지에서 의병 1명이 민가네에 다니며 무슨 부정한 일이 있던지 의병 두령이 그 사람을 포살砲殺하여 다른 의명에게 경계로 삼았다고 하다.

【대한매일신보 1908년 12월 19일】

○ <잡보> 일전에 의병 10명이 양주군楊州郡 유릉裕陵에 가서 수호

군 등에게 군수전을 내라며 능군陵軍과 교전했다고 하다.

【대한매일신보 1908년 12월 23일】

○ <잡보> 본월 20일 경기도 퇴계원退溪院 부근에서 의병 100여 명이 이곳 분견소 일본 헌병과 교전하다.

【대한매일신보 1908년 12월 24일】

○ <잡보> 지난 21일 의병 150여 명이 양주군楊州郡 퇴계원退溪院에 와서 이곳에 주둔한 일본 헌병과 교전하였는데 양측 사상자는 알 수 없다고 하다.

【대한매일신보 1908년 12월 24일】

○ <잡보> 양주군 초부면草阜面 고안高安 헌병분견대 통역 서광식徐光植이 면장과 이장을 잡아다 구타하며 돈과 곡식을 강제로 빼앗고, 민간의 유부녀를 의병 가족이라며 잡아 첩으로 삼는 등 행패가 극심하여 민원이 낭자하다.

○ <잡보> 양주군 퇴조언退朝院에 주재하는 일본 헌병 보조원이 별비면別非面 민가 매호에 식수료食水料로 1전씩 강제로 걷고 2전 5리 하는 진소鎭所를 집집마다 강제로 분급하고 7전 5리를 늑탈하는 등 작폐가 심해 민원이 낭자하다.

【대한매일신보 1909년 1월 12일】

○ <잡보> 양주군 초부면 고안헌병분견대 통역 서광식이 행패를 부림.
양주군 초부면 고안헌병대 통역 서광식이 면장과 이장을 잡아다가 구타하며 돈과 곡식을 강제로 빼앗고, 민간의 유부녀를 의병 가족이라며 잡아다가 첩으로 삼는 등 행패가 극심하여 민원이 자자하다.

○ <잡보> 양주군 퇴조원 일본헌병 보조원이 별비면 민인을 토색함.

양주군 퇴조원에 주재하고 있는 일본헌병 보조원이 별비면 민가 매호에 식수료食水料로 1전씩 강제로 걷고, 2전 5리 하는 참빗을 집집마다 강제로 7전5리로 분급, 늑탈하는 등 작폐가 심해 민원이 자자하다.

【대한매일신보 1909년 1월 13일】

○ <잡보> 양주군楊州郡 접동면接東面 장생리長生里에 주재하는 헌병 보조원이 부근 마을에 토색과 기타 불법행위가 무수하여 이장이 일본 헌병에 호소하고자 하나 보조원들이 거역拒逆함으로 죄없는 촌민들이 모두 흩어질 지경이라고 하다.

【대한매일신보 1909년 1월 31일】

○ <잡보> 의병장 윤인순尹仁順·이은찬李殷讚 등이 경기도에 배회하며 본 월 16일에는 시변리市邊里 헌병분견소를 습격하고 또 22일에는 퇴계원退溪院 헌병분견소를 공격했다고 하다.

【대한매일신보 1909년 3월 16일】

○ <잡보> 본월 6일 양주군楊州郡 동쪽 30리 부근에서 의병 50여명이 이곳 경찰서 한·일 순사 11명과 교전하다.

【대한매일신보 1909년 3월 18일】

○ <잡보> 본월 11일 양주군楊州郡 내에서 의병 20여 명이 마석우리磨石隅里 분견소 헌병 3명 및 보조원 6명과 교전하다.

【대한매일신보 1909년 3월 30일】

○ <잡보> 양주군 덕소德沼 부근에 일본병이 와서 의병을 수색한 다 칭하고 평민에게 침탈하는 폐가 극심하고도 하다.

○ 전 판서 홍순형이 양주군 덕치의 본가로 내려와 숙박하는데, 의 병이 습격하여 금화 2000원을 탈취해가서 홍씨가 경성으로 피 신함.

【대한매일신보 1909년 4월 14일】

○ <잡보> 수일 전 동서문 밖 퇴계원退溪院 등지에서 의병과 일본 병사가 교전하다.

○ <잡보> 일전에 양주군楊州郡 광암면廣岩面 등지에 의병 30여 명 이 돌입하여 신화 26원을 군수전軍需錢으로 수거해 갔다 한다.

【대한매일신보 1909년 4월 16일】

○ <잡보> 본월 11일 경기도 퇴계원退溪院 서북 방면 약 10리 부근 에서 의병 29여 명이 퇴계원 분견소 일본 헌병과 교전하다.

【대한매일신보 1909년 5월 1일】

○ 의병장 하상태 자경하다.

【대한매일신보 1909년 6월 3일】

○ <잡보> 3일전 양주군楊州郡 두미斗尾 월계月溪 부근에서 의병과 일본 병사가 교전하여 일본 병사가 다수 피살되었다는 소문이 있다 한다.

【대한매일신보 1909년 6월 27일】

○ <잡보> 양주군楊州郡 소식을 들은 즉 의병장 정용대鄭用大가 부하 40여 명을 영솔하고 별원면別院面에 와서 면민들에게 군수전을 수납했다고 하다.

【대한매일신보 1909년 7월 17일】

○ <잡보> 양주군楊州郡 미음면美陰面 석실石室 및 소미小美 등지에 근일 의병이 자주 출몰하여 군수전을 토색하는 고로 민정이 소요 하다고 하다(같은 기사, 황성신문 1909 7월 17일).

【대한매일신보 1909년 7월 18일】

○ <잡보> 경기 퇴계원退溪院 헌병파견소 및 후평리 헌병분견소 상등병 3명과 보조원 6명이 본 월 4일에 퇴계원 동방 약 1.5리 지점에서 폭도 20명과 충돌하여 궤주潰走케 하였다 하다.

【대한매일신보 1909년 7월 31일】

○ <잡보> 며칠 전 양주군楊州郡 금곡金谷에서 살해된 일본인 2명은 당초 의병 1명이 상업상 구실로 유인해 살해한 것이라 하다.

【대한매일신보 1909년 8월 1일】

○ 양주군 덕소 부근에서 의병 3명이 작당하여 민간에 횡행하며 재산을 탈취하여 경시청에서 정탐을 위하여 순사를 파견함.

【대한매일신보 1909년 8월 12일】

○ <잡보> 음력 본 월 20일 경 의병 50여 명이 양주군楊州郡 덕소

德沼 등지를 지나다가 단발한 사람을 붙잡아 단발한 사람이 무수한 곤란을 당했다고 하다.

【대한매일신보 1909년 9월 1일】

○ <잡보>양주군 별비면 퇴계원退溪院 파견소 헌병 보조원 김□천金□天이 근동에 무죄한 양민을 침탈하는 자가 있으면 시비를 분명히 가려 구제하고, 외인外人 왕래에 폐단이 있으면 극력 교섭하는 고로 일면一面이 칭송한다고 하다.

【대한매일신보 1909년 11월 17일】

○ <잡보> 의병장 강기동이 양주군楊州郡 홍릉洪陵 등지에 잠복했다는 설이 있어 어제 경시청에서 순사를 파견에 형탐詗探한다고 하다.

【대한매일신보 1909년 11월 27일】

○ <잡보> 지난 24일 의병장 한모韓某가 부하 90여 명을 영솔하고 양주군楊州郡 순강원順康園 등지에서 일본 헌병과 수 시간 충돌하였는데, 양측 사상자는 알 수 없다고 하다.

【대한매일신보 1909년 12월 21일】

○ <잡보> 지난 18일 경기도 양주군楊州郡 초부면草阜面에서 의병장 김병찬金秉瓚의 1대가 일본 헌병과 충돌하였다고 하다.

【대한매일신보 1910년 3월 14일】

○ <잡보> 수일 전 동서문 밖 퇴계원退溪院 등지에서 의병과 일본 병사가 교전하다.

○ <잡보> 일저에 양주군楊州郡 광암면廣岩面 등지에 의병 30여 명

이 돌입하여 신화新貨 26원을 군수전軍需錢으로 수거해 갔다 한다.

【대한매일신보 1910년 3월 16일】

○ <잡보> 본월 11일 경기도京畿道 퇴계원退溪院 서복방면 약 10리 부근에서 의병 20여 명이 퇴계원 분견소 일본 헌병과 교전하다.

【대한매일신보 1910년 6월 1일】

○ <잡보> 지난 27일 동문 밖 퇴계원退溪院 등지에서 의병장 강기동姜基東의 부하 20여 명이 그 군에 있는 일헌병日憲兵과 여러 시간 동안 격렬히 교전하였는데 일 헌병 2명이 피살되었다고 하는 설이 있다고 한다.

참고문헌

1. 단행본 · 전집류

강만길 · 성대경 엮음, 『한국사회주의운동인명사전』, 창작과비평사, 1996.

경기도 교육위원회, 『우리고장 독립운동공훈사』, 1978.

경기도사편찬위원회, 『경기도 항일독립운동사』, 1995.

경성부 편, 『京城府史』, 1934.

국가보훈처, 『독립유공자공훈록』 1 · 2(1986), 4(1987), 6(1988), 7 · 8(1990), 10(1993).

국사편찬위원회, 『고종시대사』, 탐구당, 1970 ; 『한민족독립운동사자료집』
　　　　별집 1 · 2 · 3 · 5 · 7, 1992.

권은태, 『김윤식전집해제』, 동아문화사, 1980.

김정명, 『조선독립운동』 1권 분책, 원서방, 1967.

김　직, 『한국근대사문학연구』, 일지사, 1973.

김　현, 『이광수』, 문학과 지성사, 1977.

김금수 · 박현채 외, 『한국노동운동론』, 미래사, 1985.

김동인, 『춘원연구』, 신구문화사, 1956.

김민수, 『주시경연구』, 탑출판사, 1977.

김승학, 『한국독립사』, 독립문화사, 1965.

김용기, 『가나안으로 가는 길』, 창조사, 1968 ; 『나의 한길 60』, 규장문화사,
　　　　1980.

김윤수, 『한국현대회화사』, 한국일보사, 1975.

김준엽 · 김창순, 『한국공산주의운동사』 1~5, 청계연구소, 1986.

김종균 외, 『조지훈 연구』, 고려대학교출판부, 1978.

김후경, 『대한민국독립운동공훈사』, 광복출판사, 1986.

남양주시지편찬위원회, 『남양주시지』, 2000.

님 웨일즈, 조우화 역, 『아리랑』, 동녘, 1984.

다보하시田保橋潔 편, 『조선통치사논고』, 성진문화사, 1972.

大村友之丞, 『조선귀족열전』, 조선총독부인쇄국, 1910.

독립운동사편찬위원회, 『독립운동사』 1(1970), 2(1971), 7 · 8(1976), 9(1977) ;
　　　　『독립운동사자료집』 별집 2 · 3 · 4 · 5 · 7 · 8 · 9 · 13 · 14(1970~1978).

동아일보사, 『동아일보사사東亞日報社史』 권1, 1975·1977·1978 ; 『인촌 김성수
－사상과 일화－』, 1985.

마키야마 코우조우牧山耕藏, 『조선신사명감朝鮮紳士名鑑』, 일본전보통신사 경
성지국, 1911.

박계주·곽학송, 『춘원 이광수』, 삼중당, 1962.

박영효, 『사화기략』, 부산대학교 사학회, 1958.

박은식, 『한국통사』, 대동편역국, 1915 ; 『한국독립운동지혈사』, 유신사, 1920.

애국동지원호회, 『한국독립운동사』, 1956.

양주문화원, 『양주군지』, 1978 ; 『양주군지』 하, 1992.

여운형, 『몽양 여운형』, 청하각, 1967.

오다 쇼고小田省吾 등, 『李熹公實記』, 이왕직, 1943.

윤치호, 『윤치호 일기』, 국사편찬위원회, 1987.

이광린, 『한국사강좌』 －근대편－, 일조각, 1981.

이만규, 『여운형선생 투쟁사』, 민주문화사, 1946.

이현승, 『대한민국 임시정부사』, 집문당, 1982.

인촌기념회, 『인촌 김성수전』, 1976.

임병규, 『남양주의 글씨와 서화가』, 남양주문화원, 2001.

임종국, 『일제침략과 친일파』, 청사, 1981.

임창순, 『태동고전연구』 10, 일지사, 1975.

정세현, 『항일독립민족운동사연구』, 일지사, 1975.

조선일보편찬위원회 편, 『조선일보오십년사』, 조선일보사, 1970.

조선총독부 경무국, 『國外ニ於ケル容疑朝鮮人名簿』, 1934.

조영래, 『전태일 평전』, 돌베개, 2001.

중앙일보사 편, 『민족의 증언』, 1993.

진단학회, 『한국사』 －현대편－, 을유문화사, 1963.

하남시, 『하남의 맥』, 1992.

한국교회사연구소 역주, 『뮈텔주교일기』 Ⅰ, 1986.

한국인명대사전편찬실 편, 『한국인명대사전』, 신국문화사, 1976.

한국정신문화연구원, 『한국민족문화대백과사전』, 1991.

한만춘, 『영광의 징검다리』, 일조각, 1981.

현룡순·리정문 편저, 『조선족백년사화』, 거름, 1989.

2. 논문 · 잡지

권덕규, 「주시경선생 역사」, 『靑春』 1, 1914.10.

김행자, 「민비집권기 한정대외관계의 국제정치적 고찰」, 이화여자대학교, 1966.

김윤경, 「주시경선생 전기」, 『한글』 126호, 1960.2.

김의환, 「새로 발견된 홍선대원군 약전」, 『사학연구』 39, 1987.

김재명, 「김성숙선생의 묘비명」, 『정경연구』, 1985.10.

미즈노 나오키水野直樹, 「김성숙」, 『조선민족운동사연구』 4, 1987.

박광성, 「고종조의 민란연구」, 『전통시대의 민중운동』 下, 풀빛, 1981.

「봉선사」, 『불천佛泉』, 1994.

이상백, 「동학당과 대원군」, 『역사학회』 17·18합집, 1962.

이현종, 「구한말 정치·사회·학회·회사·언론단체 조사자료」, 『아세아학
　　　보』 2, 1966.

3. 자료 · 신문

「豫審終結決定書」(1919.8.30, 경성지방법원), 『甲申日錄』, 『高宗實錄』, 『舊韓
國官報』, 『國朝榜目』, 『金燦調書』, 『騎驢隨筆』, 『남양홍씨익산군파계보』, 『大
韓季年史』, 『大韓帝國官員履歷書』, 『梅泉野錄』, 『文品案』, 『璿源系譜』, 『修信
使記錄』, 『純宗實錄』, 『承政院日記』, 『辛巳大逆不道罪人驥泳等鞫案』, 『日省
錄』, 『淸選考』, 『風雲韓末秘史』, 『하상태전』.

『대한매일신보』, 『동아일보』, 『조선일보』, 『중앙일보』.

편집후기

1. 이 책은 학생과 일반인들이 남양주지역의 독립운동가들을 이
   해하는데 도움을 주기 위해 발간하였다.

2. 인물에 대한 조사·연구가 부족하여 내용의 미흡이나 또는
   누락된 인물은 추후 보완한다.
   특히 남양주시 관내에 위치하고 있는 묘역조차도 그 위치를
   찾아내지 못함은 필자의 노력이 부족했음을 한탄할 수밖에
   없다. 추후 관심있는 분들의 제보를 받아 추후 보완해나갈 것
   을 약속한다.

3. 사진자료를 협조해 주신 독립기념관, 민족문제연구소, 남양주
   타임즈 관계자 여러분에게 감사드립니다.

4. 조사에 협조해 주신 모든 분들과, 그 밖에 자료정리와 입력
   등 작업과정에 도움을 주신 모든 분들께 감사드린다.

필 자

윤종일 서일대학 민족문화과 교수
임병규 남양주향토사료관 관장
민경조 퇴계원산대놀이보존회 회장
황준연 경희대학교 강사

편집위원 (가나다 順)

김택중 서울여자대학교 사학과 교수
김희찬 경희대학교 교양학부 교수
나호열 경희대학교 사회교육원 주임교수
윤종일 서일대학 민족문화과 교수
임병규 남양주향토사료관 관장
조세열 민족문제연구소 사무총장
최상범 동국대학교 조경학과 교수(전 부총장)

풍양문화연구소
풍양문화시리즈 03

남양주 독립운동가

값 10,000원

인　쇄 : 2007년 5월 7일
발　행 : 2007년 5월 14일
저　자 : 윤종일 · 임병규 · 민경조 · 황준연
발행인 : 한 정 희
편　집 : 장 호 희
발행처 : 경인문화사
주　소 : 서울특별시 마포구 마포동 324-3
전　화 : 02-718-4831~2
팩　스 : 02-703-9711
이메일 : kyunginp@chol.com
홈페이지 : http://www.kyunginp.co.kr
　　　　　 한국학서적.kr
등록번호 : 제10-18호(1973. 11. 8)

ISBN : 978-89-499-0476-4 04900
ⓒ 2007, Kyung-in Publishing Co, Printed in Korea